護生畫集圖文賞析（六）

雙鶴啣珠

豐子愷 畫
朱幼蘭 書
林少雯 著

〔推薦序〕

重讀《護生畫集》的美好經驗

林良

漫畫大師豐子愷的《護生畫集》，一九八一年臺北純文學出版社曾經印製全套六集，在書市流通，為讀者所喜愛。我很有福氣的竟能獲贈一套。書寄到的日子，我不停的向郵差先生致謝。他竟詫異的問：「是寶物嗎？」

從小學時代就喜愛豐子愷漫畫的我，匆匆翻開第一集，幾頁之後，就看到我童年曾經被深深打動的一幅畫：「拾遺」。儘管當時我已經五十多歲，竟好像是又回到小時候，和小小的遊伴在異地重逢。

「拾遺」是宋代詩人蘇軾所寫的一首詩，一共是四句：「鉤簾歸乳燕，穴牖出痴蠅；愛鼠常留飯，憐蛾不點燈。」童年受限於不認識「牖」字，也看不懂書法家所寫的「痴」字，所以第一、二句背不下來。但是後面的第三、第四句，因為很口語化，只讀兩遍就背下來了。我所以能看懂全詩，主要靠的竟是豐子愷的生動插畫。

全詩的意思是：鉤起廊上的簾子，好方便小燕子回到簷下的鳥窩；在窗紙上挖個洞洞，好讓無知的蒼蠅進出；為了愛護老鼠，特地為牠留些剩飯；為了憐憫撲火的飛蛾，夜裡索性不點燈。

讀到這樣的內容，我一時發起楞來。一方面是我的心被打動了，變柔軟了；另一方面是深深感到佛家胸襟的開闊和偉大，自己也開始有了「尊重生命」的思想。這個童年閱讀《護生畫集》的經驗，深深藏在我心中，一直沒有忘記。

不久以前，本書作者林少雯女士寄給我一份影印文件，原來是她的新作《護生畫集圖文賞析》的書稿。她在來信中邀我為她這本新書寫一篇序。理由是我過去也曾經為她的兩本有關自然生態保育的書寫過序。為了不辜負她的美意，我只有答應。更何況，她這本書恰好又喚醒了我童年閱讀《護生畫集》的一些舊經驗以及面臨過的困境。她的這本書有新的安排，新的做法，對喜愛《護生畫集》的讀者幫助很大。

第一，她把書法家所寫的詩文還原成楷體字，使我們既能欣賞書法家美妙的筆法，又能認讀書法家所寫的每一個字。然後，她解釋畫意，讓我們不但能了解豐子愷畫的是什麼，還能留意到豐子愷想表達的思想又是什麼。最後她引用佛家的思想互相印證，說明了豐子愷的思想和佛家思想的密切關係。

正如書名提到的，這是一本對《護生畫集》的賞析，也是一本對《護生畫集》的導讀，值得向喜愛《護生畫集》的讀者介紹。

這就是我想說的話。

（本文作者為知名兒童文學作家，曾任《國語日報》社長、董事長）

〔推薦序〕

弘公護生，千秋偉業

——學習弘一大師的認眞作風

豐一吟

臺灣佛光山星雲大師，在我心目中跟弘一大師一樣都是高僧。星雲大師在臺灣建造佛陀紀念館，恢弘的建築，呈現佛陀的教義和佛陀的教化，這種以佛教教義來規劃的格局，以建築來說法，是佛館的特色。佛館目前已成為臺灣新地標，更是世界佛教的新地標。

佛館風雨走廊的外牆，以我與星雲大師結緣臨摹父親豐子愷的彩色護生畫七十多幅，請當代著名藝術家製成浮雕畫，給蒞臨佛館禮佛、參觀遊覽，或校外教學的學子們，當作生命教育的教材，讓人產生慈悲心，進而惜物、護生、戒殺，這種尊重生命的教育，正是現代社會最需要的。

今年是弘一大師一百三十二歲誕辰，也是他圓寂七十週年紀念。弘公和我父親合作的《護生畫集》，在臺灣有玄奘大學學生林少雯居士，作為她碩士論文的研究題材。這樣全面研究《護生畫集》的屬她為第一人。林少雯居士在星雲大師所辦的《人間福報》亦撰寫專欄，將護生畫一則一則加以賞析，平易近人的文字，深入淺出，讓更多人可以了解護生畫的內容，增長善種子，長養慈悲心。

弘一大師和我父親師生合作的《護生畫集》共六冊，從一九二九年一直出版到我父親去世後的一九七九年，整整半個世紀！

這部畫集是我父親為祝弘一大師五十歲至一百歲的整壽而作的，從五十幅、六十幅……一直畫到一百幅。總共四百五十幅。（字畫原稿共九百件，今收藏在浙江省博物館。）頭兩冊是弘一大師自己題字，後四冊分別由葉恭綽、朱幼蘭（第四、六冊）、虞愚題字。幾乎在全世界發行。

關於這些，佛教界的人士都知道，我就不必細說了。

今天，我想重提的就是大師為人處世、對待工作的認真態度。別的不說，單就《護生畫集》而言，其認真就使我吃驚。從版面大小、攝影方式、封面設計、裝訂方法、題材內容、排列順序、寄遞辦法，一直到發行對象，他無不關心。從一九二八年弘一大師與李圓淨居士和我父親的通信中可以清楚的看到這一切。

關於父親作畫的大小，弘一大師在八月廿一日致李圓淨、豐子愷兩居士的信中說：「對照之詩，所占之地位，應較畫所占之地位較小，乃能美觀。（至大，僅能與畫相等。）萬不能較畫為大。若畫小字大，則有喧賓奪主之失，甚不好看。故將來書寫詩句之時，皆須依一一之畫幅，一一配合適宜。至以後攝影之時，即令書與畫同一時、同一距離攝之，俾令朽人所配合大小之格式，無有變動。」九月初四給我父親的信中又說：「畫稿之中，其畫幅大小，須相稱合。如〈!!!〉一幅，似太大。〈母之羽〉一幅，似稍小。仁者能再改畫，為宜。雖將來攝影之時，可以隨意縮小放大，但終不如現在即配合適宜，俾免將來費事。且於朽人配寫文字時，亦甚蒙其便利也。」

現在一般人對於字體大小，並不在意。有人囑我題字，總是說：「大小隨意，反正可以放大縮小。」那是因為現在的出版技術發達了。（儘管如此，我因書法功底差，小字放大很難看，只能適當寫大一點。）而在當時的出版條件下，弘一大師的考慮決不是多餘的。

關於封面設計，弘一大師也有詳細的指示。他在八月十四日給我父親的信中說：「畫集雖應用中國紙印，但表紙（即封面——吟按）仍不妨用西洋風之圖案畫，以二色或三色印之。至於用線穿訂，擬用日本式。……係用線索結紐者，與中國佛經之穿訂法不同。朽人之意，以為此書須多注重於未信佛法之新學家一方面，推廣贈送。故表紙與裝訂，亟須新穎警目。俾閱者一見表紙，即知其為新式藝術品，非是陳舊式之勸善圖畫。倘表紙與尋常佛書相似，則彼等僅見《護生畫集》之簽條，或作尋常之佛書同視，而不再披閱其內容矣。故表紙與裝訂，倘能至極新穎，美觀奪目，則為此書之內容增光不小，可以引起閱者歡喜之興味。」

讀了這封信，更使我敬佩弘一大師的多才多藝。他不僅擅長書法、音樂、詩詞、文章、金石、戲劇、美術，還擅長裝幀藝術。他在《太平洋報》上就發表過不少裝幀作品。看來他對裝幀藝術是有過一番研究的。

至於《護生畫集》的題材內容，弘一大師更是煞費苦心，再三斟酌。他有時囑我父親重畫，有時囑增畫，有時囑取消，有時囑修改畫題，有時囑重新排列。弘一大師主張：此畫集為通俗之藝術品，所以「應以優美柔和之情調，令閱者生起悽涼悲憫之感想……，若紙上充滿殘酷之氣，而標題更用〈開棺〉、〈懸梁〉、〈示眾〉等粗暴之文字，則令閱者起厭惡不快之感，似有未可。」他認為「優美之作品似較殘酷之作品感人較深。因殘酷之作品僅能令人受一時猛烈之刺激。若優美之作品，則能耐人尋味，如食橄欖然。」又說，「殘酷之作品，雖亦選入三、四幅，然為數不多，雜入中間，亦無大礙。」弘一大師不僅囑我父親修改畫幅，他自己的詩作，也幾經修改，才確定下來。

《護生畫集》初集的畫，本來只有二十幾幅，而且起初名為《戒殺畫集》。後來才改名《護生畫集》，並增加到五十幅，為弘一大師祝五十大壽，這中間是如何變遷的，我尚未找到資料。讀者有知情者，還望賜教。

關於寄遞方式，弘一大師也考慮得很周到。他再三關照，必須用雙掛號寄，而且不要陸續寄，要合併聚集為一包。將來寄回時，也合併為一包，「由朽人親身攜往郵政總局，雙掛號寄上，決不致有錯誤。」有一段時期，寄遞頗費周折。弘一大師住在溫州江心寺，函件須存放在某豆腐店，待工人等買豆腐時領取。弘一大師擔心「豆腐店中人等，及工人等，皆知識簡單，少分別心。雖有雙掛號之函件，彼等亦漠然視之，不加注意。以是之故，雖雙掛號，或亦不免遺失。因郵局之責任，僅送至豆腐店為止，以後即不管也。」弘一大師為這件事認真的擔心。他要我父親確實打聽，是否有舊上海藝術師範畢業生二、三人在溫州第十中學任教？可否託他們代收後親自送往江心寺？弘一大師再三強調：「總之，此事甚須注意，乞仁等詳酌之。」考慮得如此周到，令人歎佩！如果現在要寄遞畫稿，只須複印一份留底，多麼方便！當時可辦不到啊！

最後，發行對象又使弘一大師煞費苦心。他在八月初三給李圓淨居士的信中說：「凡老輩舊派之人，皆可不送或少送為宜。因彼等未具新美術之知識，必嫌此畫法不工，眉目未具，不成人形。又對於朽人之書法，亦斥其草率，不合殿試策之體格（此書贈與新學家，最為逗機。如青年學生，尤為合宜。至尋常之寺院，及守舊之僧俗，皆宜斟酌送之）。」

弘一大師畢竟了解自己的學生，他稱我父親的漫畫為「眉目未具，不成人形」，可謂子愷漫畫之知音。在當時，這種漫畫太新派，為許多舊派人所不欣賞。他的擔心不無道理。弘一大師自己的字，在當時也屬新派。兩者恐不宜為時人所接受。所以弘一大師連發行對象都慎重考慮而作了指定，可謂用心良苦。

重讀這些書信，感想頗多。總的來說，從《護生畫集》的創作到贈送對象，無不貫穿著「認真」二字。

父親一直稱頌弘一大師做事認真，做一樣，像一樣。原來在編寫《護生畫集》一事上，弘一大師也是這麼認真。我真是佩服得五體投地！

佛陀紀念館以建築說法，《護生畫集》以畫說法，如今佛光山香海文化將出版林少雯居士所撰寫的《護生畫集圖文賞析》，以此文為序。

（本文作者為豐子愷之女，俄文翻譯家、畫家、文史研究者）

豐一吟與林少雯攝於佛陀紀念館「弘一大師・豐子愷護生畫集特展」會場

〔自序〕

與《護生畫集》情深緣也深

林少雯

三十年前拜讀過《護生畫集》，畫集中淺顯的佛理、熟悉的儒道思想、詩詞的文學情境、繪畫的特殊風格、書法的別具特色都深深打動我的心。

幾年前又細讀了由洪範書局出版的四集《豐子愷文選》，溫柔敦厚和自然細膩的筆觸也深深撼動我的心靈。如此一位文采畫采皆美的作家和畫家，確實令人著迷。

我二〇〇七年就讀玄奘大學宗教研究所，有一天在打坐中腦際閃過弘一大師的影像，這個靈感加上不久前剛讀過豐子愷的散文，於是指引我去研究與弘一大師和豐子愷相關的論文，那無疑的就是《護生畫集》了。此時我素食已十多年，而以「慈悲心」和「護生戒殺」為主題的《護生畫集》，更加深獲我心。

就這樣，我以「豐子愷《護生畫集》體、相、用之探討」為題，寫了篇十八萬字的論文，針對《護生畫集》的外在表現形式：包括創作理念、傳播媒介、繪畫風格技巧、文人畫、簡筆畫、題材、書法等；及內涵的思想與意境：包括文學美、及佛教、儒家、道家、道教等的哲學思維、生態倫理、童心童趣、親子教育、護生戒殺思想、藝術價值、教育及美學思想等加以全面闡述。

論文完成後總覺意猶未盡，我開始一幅幅賞析此「以畫說法」、「護生護心」的《護生畫集》，於《人間福報》發表，由於賞析文字廣受歡迎且得到各方關注，因此結集由香海文化出版。

此為序。

二〇一二年十月二十二日・於杭州・希言樓・稀雲軒

〔原版序〕

今年為弘一大師示寂後已滿冥壽百歲之期，亦作者豐子愷居士生平耿耿於懷欲完成此護生畫第六集以紀念其先師百齡之夙願也。慨乎子愷居士遷化以來，乎閱四載。去年冬，衲再度返鄉赴滬為子愷居士致三年忌，因感江山依舊，知音寥落，而一代華夏之文星，竟被陰霾之掩沒，幾至顛沛溝壑，不禁悲從中來，潸然淚下！蓋居士處此逆境突襲之期間，仍秉其剛毅之意志，真摯之感情，為師報恩，為踐宿約，默默的篝火中宵，雞鳴早起，孜孜不息選擇題材，悄悄繪就此百幅護生遺作的精品，以待機緣，不幸於一九七五年九月十五日賚志以終，享壽七十有八。余展閱遺稿，百感交集，什襲珍藏，親攜飛返來星，以籌出版也。

惟念是集之刊行，於護生戒殺善行之外，尤具有更為深遠崇高之意義。衲不敏，乘茲最後一集出版之際，僅扼要記述如次：

考《護生畫集》之流布，早於五十年前（一九二八年），豐子愷居士為祝弘一大師五十高壽，繪成護生畫葉五十幅，請弘一大師題字五十頁，是為第一集之開始。時豐居士正在英年，深受弘一大師才藝德學高明博厚之影響，且在中學時代大師（即李叔同先生）未出家以前於杭州浙江省立第一師範學校即從其學習圖畫音樂；復於大師出家而後，又從大師正式皈依佛門，時在一九二七年九月廿六日，法名曰嬰行。是其率真之天性、高潔之懷抱、仁愛之作風、超逸之思想，早已宿植德本，源遠而流長久矣。宜乎其作品、漫畫、音樂之取材，多以兒童為對象，而以愛物護生引為己任也。

況當《護生畫集》第一集編選之時，大師身在溫州，而精神則灌注於此集之內容與形式。經年揣摩，魚書往返，對豐居士每頁之畫稿，必視察其構圖之內涵及形狀，然後思維恰切之題句。字之大小及所占地位，必求其與畫幅相稱，互相調和，甚至裝訂表紙，亦加詳酌，毫不苟簡，謂如此始可引起閱者之美感，而獲效果。此大師親筆致與豐子愷、李圓淨二居士之遺書所條陳而縷析者也。

又曰此畫集為通俗之藝術品，應以優美柔和之情調，令閱者生起淒涼悲憫之感想，乃可不失藝術之價值，又對畫題文字之用心，舉第一集〈母之羽〉一圖為範例，文云：「雛兒依殘羽，殷殷戀慈母，母亡兒不知，猶複相環守！念此親愛情，能勿淒心否？」

又曰發願流布《護生畫集》，蓋以藝術作方便，人道主義為宗趣。須多注重於未信佛之新學家一方面，推廣贈送。故表紙與裝訂，應注意新穎醒目，俾閱者一見表紙，即知為新式之藝術品，非是舊式的勸善書。

由此可見，《護生畫集》自發端即為大師悉力以赴之文字般若，亦自謂係其書寫最後之紀念。其悲心無量、德澤無邊之期望，若能為之續印流傳，是則紀念大師之一最上供養也。

其次，豐居士一生得力於良師之指導，而終生服膺，臨難不渝，為常人所莫及。而其尊師重道之精誠，更為近世所罕見。因其肝膽相照，友生敬愛，是故《護生畫集》之得能繼續出版，每次皆獲良師益友異苔同岑之協助，且多為當代中國文學藝術界知名之士，就余所知者如馬一浮、葉恭綽、夏丏尊、李圓淨諸先生及朱幼蘭居士等，皆樂為之分勞奔走，以竟其成。一九三一年冬，大師尚住世，子愷居士以護生畫第二集六十幅為祝大師六秩壽慶，亦由大師題字六十幅，出版流布。於是又復相約以後每隔十年續繪一集，亦遞增畫材十幅，以祝大師之高壽。即七十歲繪七十幅，刊第三集。八十歲繪八十幅，刊第四集。乃至百歲繪百幅，刊第六集，以滿斯願。不意越兩年，大師乃示寂於泉州之不二祠。子愷居士黯然神傷之中，復發願為大師造像百尊，以志追念之深也。時值國難方殷，烽煙處處，居士遷家避難，筆與神合，不覺其苦。逮勝利後，衲於一九四八年冬由星返廈，與豐居士邂逅於南普陀寺憑弔弘一大師講律遺址，居士乃有所感而繪〈今日我來師已去，摩挲楊柳立多時〉之畫一幅贈余。其後兩年，護生畫第三集蒙葉恭綽居士題字，又告出版。以後數年，衲以所積缽資，與子愷居士商酌擬為籌建弘一大師紀念館之倡，但結果未成，乃移作出版弘一大師墨寶及助建塔之用。其後又陸續出版護生畫第四集與第五集，此一九六〇至一九六五年之事也。是年冬，余再度北返，偕豐居士及諸同道同往杭州虎跑寺祭掃弘一大師塔墓，然後偕遊名山勝水、古剎精藍，回首前塵，依稀如昨。翌年，居士繪〈蘇臺懷古圖〉遠寄星洲相贈；神采幽思，躍然紙上。從此數年之後，往來音問，若斷若續，似有不能言之隱衷，而常以深居簡出養疴為詞，庸詎知此乃故友受無妄之災之日也！回憶及此，故衲所以於去年秋前往追思致祭其逝世三週年之忌辰，不禁簌簌墮淚，不能自已。余更慨夫今日世界物質文明極度發達，而人心陷溺，道德淒沉，國際局勢波譎雲詭，殺機四伏，較之五十年前《護生畫集》最初發軔之時，其險惡何止倍蓰！而尊師重道之觀念，欲求如豐居士之對弘一大師之盡心竭慮、身體力行者，恐亦如鳳毛麟角。瞻望來日，惴惴不安！欲望挽狂瀾於既倒，濟蒼生於衽席，則見微知著，必須從重振師道，身教與言教並重，恢復道德教育之普遍推行，借以轉殘暴之人心為慈愛之觀念入手。蓋所謂護生者，即護心也，亦即維護人生之趨向於和平安寧之大道，糾正其偏向於惡性之發展及暴力恣意之縱橫也。是故《護生畫集》以藝術而作提倡人道之方便，在今日時代，益覺其需要與迫切。雖日爝火微光，然亦足以照千年之暗室；呼聲綿邈，冀可喚回人類蘇醒之覺性。衲乃不揣綿薄，向諸善信募集淨資，決心由第一集至第五集托香港時代圖書有限公司陳國華先生代為再版，每集各印一千冊；而第六集之出版，則多印兩千冊，俾全部同時流布，借以完成子愷居士紀念弘一大師未了之夙願。同時亦衲所以紀念大師及為子愷居士已幸恢復其固有之令名與崇高地位，並諸襄助斯集之先賢及同志，亦為其回向功德，永垂不朽焉。是為序。

星洲薝蔔院廣洽（時年八十歲）敬識

公元一九七九年歲次己未八月中秋

前言

何其有幸，世間能有弘一大師和豐子愷師生合作繪製的藝術珍品《護生畫集》。

・豐子愷與弘一大師

「中國漫畫之父」豐子愷，是五四文學運動、抗日、國共之爭以及文革等動亂時代中一位多才多藝的文人。他集畫家、文學家、美術家及音樂教育家於一身。師承於弘一大師，佛教思想貫穿他的一生，《護生畫集》可以說是豐子愷佛教思想的代表作；此畫集以詩、文、書、畫等幾種藝文意境展現出豐富層次，呈現深厚的人文關懷、濃厚的文學色彩、中國傳統儒家、道家、道教、佛家的哲學思維、生態倫理觀、童心童趣以及親子教育和教化的特色，被星雲大師視為最佳的生命教育教材。

弘一大師未出家前曾在浙江省立第一師範學校教音樂和美術。一九一四年，十七歲的豐子愷成為他的學生。豐子愷用四十六年的時間繪製《護生畫集》六冊，四百五十幅圖文。圓了弘一大師以「藝術作方便，以人道主義為宗趣」的文字般若；也圓了自己「以畫說法」，長養大眾慈悲心的心願。《護生畫集》所說的法即「護生」。其「護生」的宗趣強調的是「護心」，即「去除殘忍心，長養慈悲心，然後拿此心來待人處世。」

• 創作緣由

一九二八年豐子愷與弘一大師合作《護生畫集》，共五十幅字畫，恭祝大師五十歲生日。此後展開長達半世紀的創作，至弘一大師百歲冥誕。畫集由弘一大師親題詩文（第一、二集），當代書法名家葉恭綽、朱幼蘭、虞愚等的題詩（三至六集）。還有馬一浮、李圓淨等的序文；每位大師的用筆、墨趣、字體和風格各異，使畫集成為藝術精品。畫集流布後被譯為各國文字，影響深遠，許多閱畫者因此而素食，其發揮的效應已超越弘一大師的期望。

• 豐富且多層次的意趣

此畫集以圖畫述說護生故事，描繪動物生活、類人情感、行為、愛生畏死的心、歌頌動物重情重義的道德感，如孝行、友愛……，令人生出愛憐、同情和慈悲心。以古詩入畫，詩中有畫，畫中有詩，呈現豐富的文學內涵。豐子愷又擅於借物喻情，筆下一草一木，一石一鳥都充滿了生命的美善和情義，展現對人、對自然、對動物和對生命的尊重及深切的關懷。

思想內涵和生態觀方面，引用《詩經》、《論語》等古籍中的仁愛、慈孝、萬物一體等儒、道思想和自然觀，及護生、戒殺、慈悲、等佛學義理和生態環境倫理觀。內容充滿童心童趣，如以動物為主角，讓孩童借鑒並反省讓從小養成「殺機」的日常遊戲。《護生畫集》涉及宗教學、民俗學、社會學、語言學、文學、藝術等，已成為人類學研究的珍貴資料。

目錄

〔推薦序〕重讀《護生畫集》的美好經驗／林良 2
〔推薦序〕弘公護生，千秋偉業——學習弘一大師的認真作風／豐一吟 4
〔自　序〕與《護生畫集》情深緣也深 10
原版序 12
前言 16
馬戀其母 24
犬埋母骨 28
稚犬斃虎 32
猴子塞創 36
慈烏反哺 40

識母氣 44
義鹿塚 48
馬能擒盜 52
犬能捕盜 56
犬斃毒蛇 60
貓殉主 64
伴侶 68
蛇護孱王 72
求侶 76
鴛鴦殉侶 80
雁坵 84
雁殉侶 88
義鴿 92
羊殉亡羔 96
母犬觸柱 100
鶴拔氅毛 104
悲鳴送子 108
救命 112
犬哺貓子 116

犬護幼女 120
義貓認主 124
鶴識舊人 128
百舌詐死 132
犬寄書 136
白鶴寄詩 140
傳書鴿 144
雁足帛書 148
知更雀 152
鹿示人参 156
群鼠應聲 160
群烏助葬 164
燕集几案 168
馬救主（一） 172
馬救主（二） 176
犬救煤暈 180
燕助營巢 184
畫眉警盜 188
象感出槎 192

虎感拔刺 196
虎感去鯁 200
犬母遺兔 204
鼠救縊婦 208
雙鶴啣珠 212
放魚得報 216
下馬救蛇 220
蠅集筆端 224
羔跪受乳 228
羊感救命 232
孫慧郎 236
鸚鵡和歌 240
犬忠于主 244
熊有先見 248
鹿去不歸 252
馬促出走 256
馬愛聽經 260
牛能示警 264
犬勸避禍 268

犬能改過 272
犬能知罪 276
老馬識途 280
駝知水脈 284
狐鳴迎客 288
鶴能檢書 292
歸山 296
鸚鵡課誦 300
鵝聽講經 304
鵝聽課誦 308
雞不食生 312
魚誦佛號 316
鶴語 320
長鳴雞 324
蛇鳴得金 328
我喫素 332
龜填牀足 336
縱鰻 340
虎知酬勞 344

豬拒早殺 348
犬寄郵信 352
雞要活命 356
鴨卵償債 360
知音犬 364
青蛙雪冤 368
放魚 372
雞卵乞命 376
盲犬待哺 380
馬戀故主 384
母鹿隨啼 388
烏覆棄嬰 392
蜘蛛收絲 396
團圞 400
黃犬送物 404
虎釋孝子 408
一犬不至 群犬不食 412
鱉覓偶 416
首尾就烹 420

馬戀其母

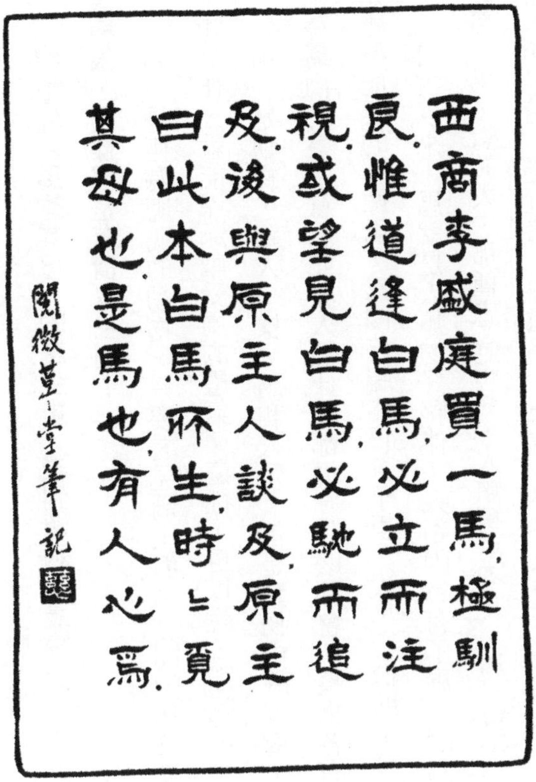

西商李盛庭買一馬，極馴良。惟道逢白馬，必立而注視。或望見白馬，必馳而追及。後與原主人談及，原主曰：「此本白馬所生，時時覓其母也。」是馬也，有人心焉。

閱微草堂筆記

／馬戀其母

閱這幅〈馬戀其母〉的護生畫，讀到題詞的最後一句「是馬也，有人心焉。」不禁慨嘆：馬與人，同樣都是有情眾生啊！

馬，是極為聰明的動物，只要看見騎士與馬之間的那種互動，那種相互了解，不論是眼神和動作，就能深深感受馬的靈氣與靈性，可以說，那就是一種人性。

馬，是動物，跟人一樣，馬和人類，都是動物中的一種，形體各殊，類別不同。人類，雖為萬物之靈，意思並非人類什麼都懂，什麼都會，萬物各有所長，很多動物的本能，是人類所不能及的，像馬，靠四條腿能日奔千里，人，不借助工具的話，絕不可能。

自古以來，馬就是人類的好夥伴。人類因為有了馬，因為駕馭馬，而做了許多不可思議的事。馬，對於人，那種忠心和愛，人類萬萬不及。馬，幫人類耕田、拉車，毫無怨言；馬，當人類坐騎，走近路，趕遠路，征戰沙場，英勇無比；馬，被人類利用來比賽，牠們費盡力氣勇往直前，是盡責的賽馬。人類對馬的愛，永遠及不上馬對人的愛。

這幅〈馬戀其母〉的護生畫，描述一位名叫李盛庭的洋商人，買了一匹馬；這匹馬的性情極為馴良，是一匹好馬。李盛庭對此馬也相當疼惜，相處了一段時間後，人和馬都有了感情。

李盛庭經常觀察這匹愛馬，發現牠有一個習慣，讓他感到不解；每次他騎著這匹愛馬出門，走在路上時，只要見到有白馬經過，他的愛馬就會停下來不走，專心地注視著白馬；有時候，牠見到的白馬正在奔跑中，牠甚至也會奮力地去追趕，趕上白馬，然後同樣專心地注視著那匹白馬。

愛馬的舉動，讓李盛庭百思不得其解，但是他知道這其中必有原因。有一次，他遇見賣馬給他的人，李盛庭跟馬販談起這件事，馬販感慨地說，這匹馬是一匹白馬所生，對母親還有記憶，隨時都在尋覓母親的下落。

李庭盛聽了，真是感慨萬千！連馬都愛戀自己的母親，與母親失散後，還在時時尋覓母親，這份愛，這份親情，實在感人肺腑；想想那失去孩子的母馬，必定也日日夜夜想念著自己親愛的孩子，也在時時刻刻尋找著親愛孩子的蹤跡。

「是馬也，有人心焉。」馬與人一樣是有情眾生，人類應該更加愛惜牠們。

犬埋母骨

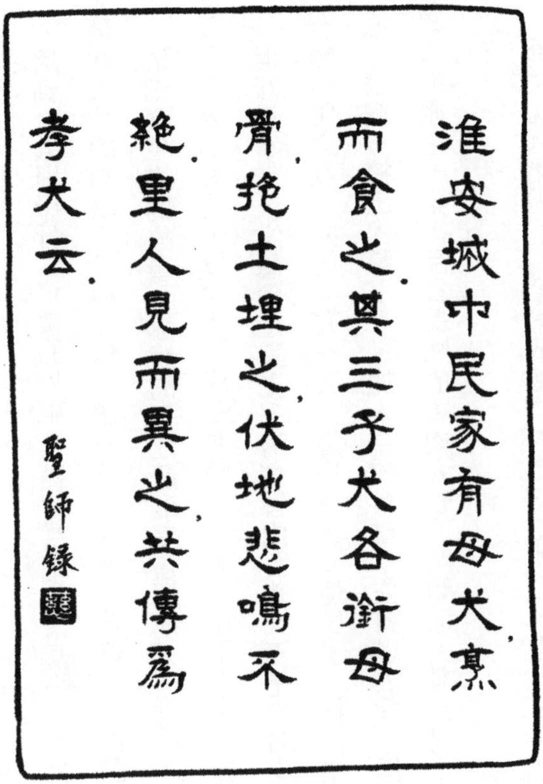

淮安城中民家有母犬，烹而食之。其三子犬各銜母骨，抱土埋之，伏地悲鳴不絕。里人見而異之，共傳為孝犬云。

聖師錄

／犬埋母骨

讀到〈犬埋母骨〉這樣的故事，真的覺得不可思議。但是世上的事無奇不有，只要思及，犬是通人性的動物，又和人類一樣是有情眾生，就會了解牠們的感情世界。

這則護生畫的故事，述說的是江蘇淮安這個地方，有一戶人家養了一隻母犬，這隻母犬生下了三隻小犬兒，母犬非常疼愛他們，一家人在主人家中過著快樂的日子。

但好景不常，沒想到這家主人嗜食香肉，養犬不是為看家，也不是為陪伴家人，而是為了一飽口腹之欲。終於，有一天，這隻母犬先遭殃了，牠被主人家活活捉住，狠狠地殺死，去毛、去皮、挖出內臟……，加入各種食材、佐料以去腥、提味；然後一家人高高興興、歡歡喜喜地圍坐一桌，品嘗美味的香肉大餐。席間還大讚料理佳，肉鮮嫩、湯頭好，一點腥味都沒……。

母犬就這樣死了，屍身都進了主人一家的肚子裡，而將遺骨倒進垃圾桶。三隻小狗，含悲忍淚，去垃圾桶撿起母犬的屍骨，跑到院子裡，用爪子刨開泥土，挖了一個洞，將母犬的遺骨放進洞內，再以土將洞填平，埋葬了母犬。

這是什麼故事啊！多麼令人痛心啊！小犬的遭遇多麼殘忍呀！母犬已死，死者已矣，留給生者那生離死別的痛，是多麼痛徹心扉！

試想，在母犬被捉拿、傷害、掙扎、求援、無望的呻吟，到驚恐的哭嚎、臨死的恐懼。母子連心啊！那三隻小狗，完完全全感同身受，母犬那臨死的嚎叫聲中，有告別、有叮嚀、有不捨孩子的哀鳴，三隻狗全聽懂了，但是牠們無能為力，牠們太弱小，無法救母犬。牠們回應母犬的吠叫聲，以及焦急地為母犬求饒的喊叫及抗議，主人都聽不懂，奈何！主人即使都聽懂了，但口腹之欲是多麼難戒的一種欲望啊！喉下三寸之地，那一口吞嚥美食的滿足感，讓多少眾生受盡苦楚，叫人無言！

這個〈犬埋母骨〉的護生故事，是在告訴世人，犬是有靈性的眾生，牠們的心靈會受傷、牠們愛其母、牠們知道生離死別的痛苦、牠們收葬母犬遺骨以盡孝道，這種舉動，甚至勝過人間的不孝子孫！

有慈悲心的人，讀了這幅護生畫，心中的不忍，真是無以言說……。

稚犬斃虎

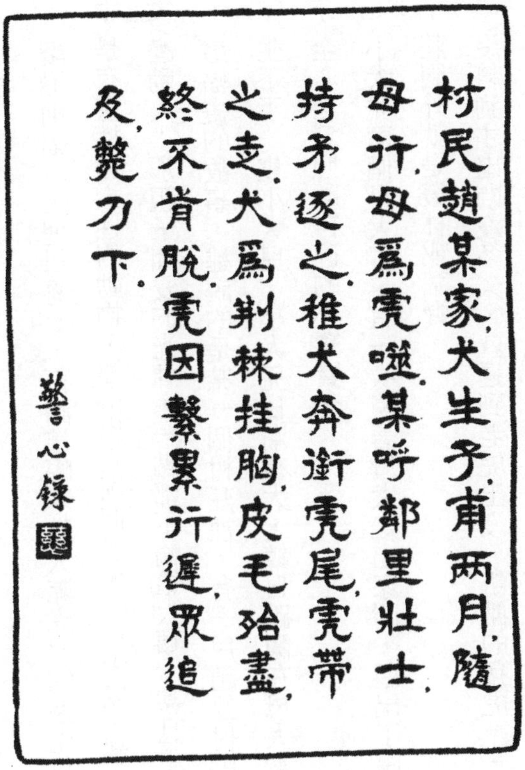
村民趙某家，犬生子，甫兩月，隨
母行，母爲虎噬，某呼鄰里壯士，
持矛逐之，稚犬奔銜虎尾，虎帶
之走，犬爲荊棘挂胸，皮毛殆盡，
終不肯脫，虎因繫累行遲，眾追
及，斃刀下。
警心錄

村民趙某家，犬生子，甫兩月，隨母行，母為虎噬。某呼鄰里壯士，持矛逐之。稚犬奔銜虎尾，虎帶之走。犬為荊棘挂胸，皮毛殆盡，終不肯脫。虎因繫累行遲，眾追及，斃刀下。

警心錄

／稚犬斃虎

讀過前幅〈犬埋母骨〉，再讀這幅〈稚犬斃虎〉的護生故事，更加感慨！犬，這有情眾生，是有靈性和人性的動物，連甫出生兩個月大的小犬兒，都能為母親捨身，那親子間的愛，是多麼動人；那親子間愛的光輝，一點都不輸給人類，甚且更勝過人類。

這幅畫的故事，述說的是某一個村莊裡，有一戶趙姓村民，家中養著一隻母犬。這隻母犬，生下了一隻小犬兒。小犬兒日漸長大，鎮日跟隨在母犬身邊，亦步亦趨。母犬發揮著母愛，全心全意照顧自己的小寶寶。

小犬兒兩個月大了，有一次隨著母犬走出家門，還出了院子，到外頭散步去了。鄉下地方，莊園外就是叢林或荒野。

沒料到才出門沒多久，就遇到老虎出沒。飢餓的猛虎，一口咬死母犬，將母犬吃了。母犬及小犬兒的哀叫聲，驚動了趙姓村民，奔出來看個究竟。一看之下，大吃一驚。可惡的老虎又出現，還吃了他家的母犬，讓小犬兒在一旁哀哀嚎叫。他即刻大聲呼叫，請來鄰居的壯漢，一起捕捉老虎。大家立刻響應，拿著利矛追趕老虎。

老虎見到有人追趕，且人多勢眾，自知不是對手，趕緊掉頭逃命去。這時，痛失母親的小犬兒，見到主人家找人來聲援了，又見到殺母親的兇手要逃走了，於是一躍而起，咬住了老虎的尾巴。但是小犬兒實在太小了，制不住大老虎。老虎急著逃命，也顧不得甩開牠，就拖著尾巴上的稚犬一起逃走。

尾巴上掛著一隻稚犬，使老虎減緩了奔跑的速度；而勇敢的稚犬，在老虎穿過叢林荊棘時，尖銳的樹枝和尖刺，勾傷了牠的皮毛，刮起了牠的骨肉，這樣的劇痛，都沒能讓牠鬆口，依然緊緊地咬住老虎尾巴。

被稚犬拖累的老虎，奔跑速度無法加快，而且還愈跑愈慢，終於被村民們追上。

如此小的一隻稚犬，才兩個月大，真叫人疼惜！這麼小，就知道為親愛的母親而奮不顧身，就知道勇敢地幫助主人家緝拿兇手，既有情又有義，跟人類的小孩一樣愛媽媽，一樣不捨媽媽，這種用情，這種愛，都是一樣的，但牠卻做出人類小孩做不到的勇敢行為。

人，怎能不疼愛，怎能不保護這些與我們一樣有情識的有情眾生！怎忍心加害牠們？

猴子塞創

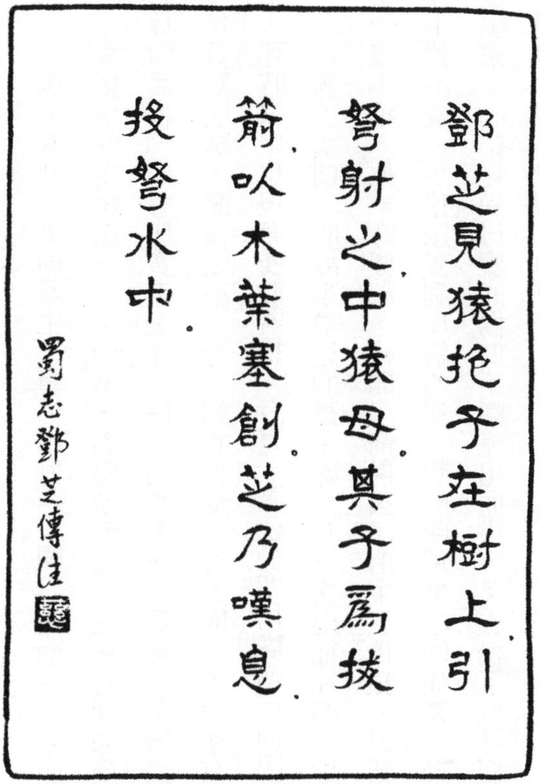
鄧芝見猿抱子在樹上引
弩射之中猿母其子爲拔
箭以木葉塞創芝乃嘆息
投弩水中
蜀志鄧芝傳注

鄧芝見猿抱子在樹上，引弩射之，中猿母。其子為拔箭，以木葉塞創。芝乃嘆息，投弩水中。

蜀志　鄧芝傳注

／猴子塞創

〈猴子塞創〉這則護生故事，出自《三國志・蜀書》中的〈鄧芝傳〉，是為真人真事。故事中的主角鄧芝，字伯苗，義陽新野人，三國時期蜀漢的重臣，是一位政治家，也是領兵的武將。他曾任廣漢太守，任官期間清廉、嚴謹，有治績，後升為尚書。他任將軍二十多年賞罰明斷，體恤士卒。身上的衣食從官府資取，不治私有財產，妻子甚至過著飢寒的日子，死時家中也沒有多餘財物。今有一墓位於四川廣漢市向陽鎮。

〈猴子塞創〉的故事講述的是，鄧芝有一次出征在路途中見到樹上有一隻母猿，懷中抱著一隻小猿。他一時興起，拉開弓箭射去，射中了母猿。母猿痛得哀哀吼叫，但仍緊緊地抱住小猿不放。小猿感受到母親的痛，想解除那椎心的痛楚，於是將射入母親身上的弓弩用力拔出來；小猿見到母親的傷口不斷流出血來，又去摘了幾片樹葉，將樹葉捲起來，塞入母親的傷口，想為母親止血療傷。

鄧芝看到這一幕，不禁深深嘆息。自己造了什麼孽啊？竟去傷害這一對猿猴母子！他深自後悔，心中也深感不安！見到母猿重傷還緊抱住孩子不肯放手，深恐萬一為母的死了，小猿該怎麼辦？沒人撫養的小猿，獨自在森林中，是無法生存的；而小猿見到母親受傷，疼惜母親的痛，害怕母親會死去，一心要為牠療傷。這一幕母子親情劇，在鄧芝眼前真實上演著，讓他深受感動，於是將弓弩投入水中，從此不再打獵。

〈猴子塞創〉的故事，有兩個版本。據《華陽國志》記載，鄧芝在征四川涪陵時，見到緣山有許多黑猿，他好弓弩，便親手射猿，一箭便中。猿拔出箭矢，捲樹皮、樹葉塞住創傷。鄧芝說：「嘻，吾違物之性，其將死矣！」

可見，鄧芝射中猿，心中一驚，對自己無故殺生後悔莫及，於是說道：「唉！我違背物種的天性，我將死！」

又有一說，鄧芝見到一隻猿抱著子猿在樹上，他用弩射去，射中母猿，子猿為母猿拔箭，捲樹皮、樹葉塞住創傷。鄧芝萬分慨嘆，將弩投入水中，自知死期將近。這第二版本即是此護生故事所採用的。

如此一位大將軍，傷害猿猴後深自懊悔，心中生起戒殺和因果的觀念，值得後人學習。

慈烏反哺

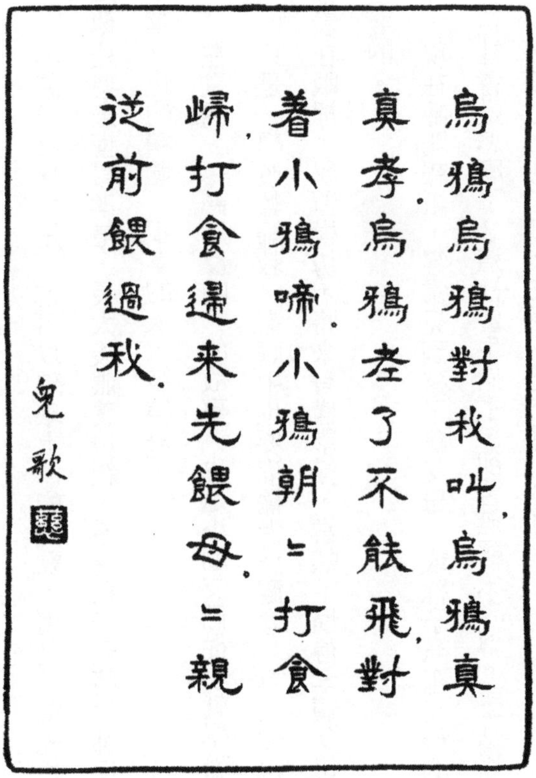

烏鴉烏鴉對我叫，
烏鴉真真孝。
烏鴉老了不能飛，
對著小鴉啼。
小鴉朝朝打食歸，
打食歸來先餵母。
母親從前餵過我。

兒歌

／慈烏反哺

〈慈烏反哺〉是一首可以琅琅上口的兒歌，這是子愷先生那年代小朋友傳唱的歌曲，歌詞傳達慈烏懂得孝道，長大後餵養母親，希望孩子們將這種反哺的孝心，植入心中。孝，是中華文化的精髓。不孝的人，被譏為不仁。

在臺灣，〈慈烏反哺〉的故事，也是小朋友們從小就學習的，早已深入人心。

只是，學校教歸教，家庭中也要灌輸孝道觀念，為人父母者若不懂孝順自己的父母，孩子看在眼裡，學習模仿，將來有樣學樣，當然不懂得孝順父母的美德，也不認為孝順父母是重要的。

現在翻開報紙，經常見到孩子弒父母，或孫子弒祖父母的新聞，真是令人痛心。大家都說這社會是怎麼了？這社會生病了，卻苦無解決之道。或許復興中華文化，是根本解決之道，但是中華文化現在卻愈來愈不受重視，奈何！

小時候孩子都愛父母，長大後卻不懂孝順父母，要檢討的不只是孩子，而是學校、家庭和整個社會。

「慈烏」是烏鴉的一種，相傳這種鳥能反哺報恩，所以叫牠慈烏。慈烏是中華文化中的名鳥。唐朝大詩人白居易為慈烏寫過一首千古傳唱的詩〈慈烏夜啼〉：

慈烏失其母，啞啞吐哀音，晝夜不飛去，經年守故林。
夜夜夜半啼，聞者為沾襟；聲中如告訴，未盡反哺心。
百鳥豈無母，爾獨哀怨深？應是母慈重，使爾悲不任。
昔有吳起者，母歿喪不臨，嗟哉斯徒輩，其心不如禽！
慈烏復慈烏，鳥中之曾參。

此詩中述說著感人的孝順故事，讚揚慈烏反哺，猶如鳥中之曾參；指責一位名叫吳起的人，連自己母親的喪禮都沒有到場，真是禽獸不如。

不論是兒歌，或是白居易的〈慈烏夜啼〉詩，都在傳達一個思想，即是連慈烏這種鳥，都懂得孝順，人何不能？人有許多需要向動物學習之處，以動物為師，可以借鑑。

識母氣

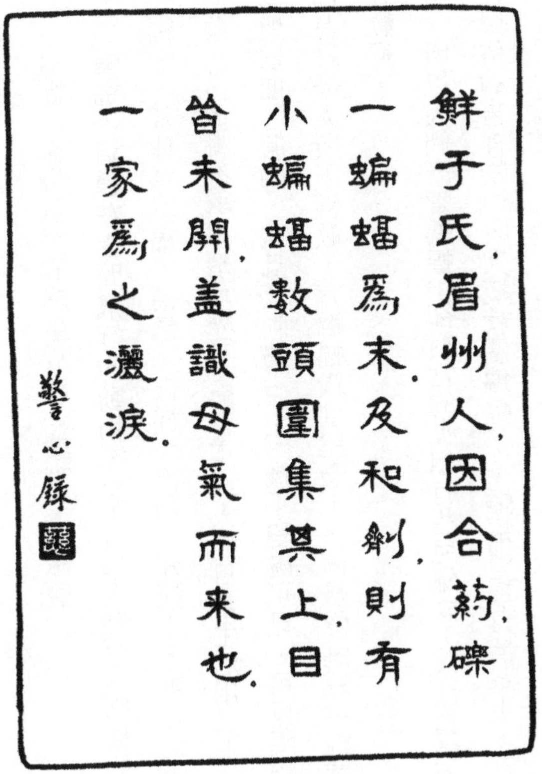
鮮于氏，眉州人，因合葯，磔一蝙蝠爲末，及和劑，則有小蝙蝠數頭圍集其上，目皆未開，蓋識母氣而来也。一家爲之灑淚。
警心錄

鮮于氏，眉州人，因合藥，磔一蝙蝠為末。及和劑，則有小蝙蝠數頭圍集其上，目皆未開，蓋識母氣而來也。一家為之灑淚。

警心錄

／識母氣

這幅〈識母氣〉的護生故事，讀來令人鼻酸。

蝙蝠，這種在夜間飛行的動物，自古以來就給人兩極的感受。人們提到蝙蝠，會想到「福」，延伸為幸福、福氣、吉祥、吉利、好運……美好的意涵，所以蝙蝠這種夜行動物的形象，常被雕刻或彩繪在廟宇、殿堂，或人們日常生活用具上，包括門、窗、牆、屋頂、梁柱、碗盤器皿、服飾、織品及刺繡……，幾乎隨處可見，可見蝙蝠受歡迎的程度。但蝙蝠的長相卻為許多人所不喜歡，有蝙蝠鑽進屋簷下，窗臺隙縫或梁柱間居住，總會遭人驅趕，並不受人歡迎。

所以人們既愛蝙蝠，卻對牠的長相有些兒嫌惡，人性真是矛盾呢！這種既愛又怕的心情，在民俗的吉祥物中，大概就屬蝙蝠了。蝙蝠這種有情眾生，真是奇妙的生物啊！竟給人如此不尋常的感覺。

外國人拍的電影《蝙蝠俠》，把蝙蝠夜間飛行及神出鬼沒的特性描繪得淋漓盡致，把蝙蝠英雄化，將蝙蝠的本領人性化、超人化，賦予了蝙蝠令人好奇和欽佩的俠義性格，使蝙蝠成為高來高去且維護社會公理正義，殲滅惡勢力的大俠。

談完了戲裡戲外的蝙蝠，再來看看真實的蝙蝠。這幅護生畫中，蝙蝠是如此柔弱，如此具有人性；這裡所謂的人性，是有情眾生的特性，就是具有愛的能力。畫中幾隻小蝙蝠，徘徊在桌前不去，是為某一種味道所吸引；那獨特的味道，是媽媽的味道。

原來住在眉州一戶姓鮮于的人家，為了給家人治病，醫師開了一帖方濟，其中有一味藥，比較特別，是以晒乾的蝙蝠研磨成粉末來入藥。小蝙蝠的媽媽，就是那隻不幸的蝙蝠。鮮于氏正在合藥，將蝙蝠研磨成粉狀時，小蝙蝠紛紛飛過來，因為他們的媽媽失蹤了，可憐的小蝙蝠正在四處尋找媽媽，忽然媽媽的味道傳了過來，於是小蝙蝠循著味道飛來不斷呼叫媽媽，卻得不到媽媽回應，只感覺到一個大人在研藥，兩個小孩在一旁觀看著。

媽媽呢？媽媽怎麼不見了？明明媽媽的味道就是從這裡散發出來，為何只有味道，聽不見媽媽的聲音呢？

小蝙蝠不知有無判斷的智慧，不知牠們見到這場景，是否意識到媽媽已不在了，只剩一堆粉末和氣味！還好這幾隻小蝙蝠實在太小，眼睛都還沒完全張開，也許還看不清楚。

好令人心酸的故事，但願小蝙蝠不具這種智慧，否則會多麼傷心難過啊！連鮮于氏一家人，見到小蝙蝠來找媽媽，忍不住都哭了呢！孩子們心中有一萬個對不起，但母蝙蝠已不能起死回生，奈何！

義鹿塚

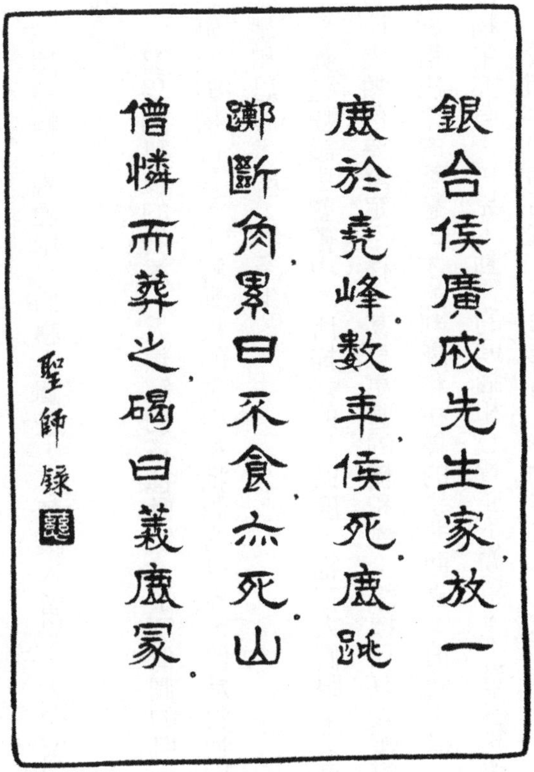
銀台侯廣成先生家，放一
鹿於堯峰。數年，侯死。鹿跳
躑斷角，累日不食，亦死。山
僧憐而葬之，碣曰義鹿冢。
聖師錄

銀台侯廣成先生家，放一鹿於堯峰。數年，侯死。鹿跳躑斷角，累日不食，亦死。山僧憐而葬之，碣曰義鹿塚。

聖師錄

／義鹿塚

讀這幅〈義鹿塚〉的護生圖畫，不禁讓人省思，人類對同為有情眾生的動物們，了解多少？

醫學和科技的發達，人類解剖各種動物，了解他們的肌肉、骨骼及各個器官的功能；人類研究動物行為，了解動物的生態和牠們的世界，但是對動物最重要的部分，牠們的心智、智慧和思想，能了解多少？

如這幅護生圖畫中，所描述的這頭鹿，牠在人們眼中只是一頭鹿，很普通的動物，卻擁有比人類還要堅定不移，甚至更甚的情和義；這種只有人類複雜的頭腦，和從人生歷程中學習領悟出來的智慧，才能判斷和抉擇的是非曲直、情義相挺、殉情等等情識，在看似普通的動物中亦有；可見，動物的頭腦和心智並不簡單，不是人類所想像和認知的。

我們與動物相處，不論是貓、狗、兔子、鹿、牛、馬，甚至天上飛的鳥，地上爬的烏龜，水中的游魚等，當人們直視牠們的眼睛，與牠們眼神接觸，那深邃的眼眸之中，充滿著濃濃的情感和一種不為人知的智慧，所以牠們也常會做出與人類相同的舉動，如為自己所愛的親人報恩、報仇、殉情等，動物的情誼和情義故事，在史書中常有記載，是人們自古以來就熟知的。

這幅畫的故事，描述銀台地方有一位官家，名叫侯廣成，有一年，他有緣得到了一頭鹿，但是他生性慈悲，並沒將這頭野鹿豢養在家中的畜欄裡，因為他覺得野鹿的天性就是該徜徉於天地間，將鹿關起來不啻陷鹿於囹圄間，他不忍心，於是將鹿野放於堯峰，讓鹿能在山野間自由自在地生活。過了幾年，侯廣成去世了。這頭鹿，似乎與侯廣成心靈相通，知道他辭世了，竟然悲痛得不斷亂撞亂跳，把頭上的角都撞斷了，接著幾天不吃不喝，也跟隨著侯廣成辭世了。堯峰山上有一座寺院，一位出家的僧人被鹿的行為所感動，很憐惜地將鹿埋葬了，並在鹿的墳前立了塊石碑，上面刻著「義鹿塚」三個字，以紀念鹿的義行。

鹿的心，人們不了解，但從鹿的行為中，我們可以走進牠的感情世界，如此義鹿，對於恩人的情義，感人至深！

馬能擒盜

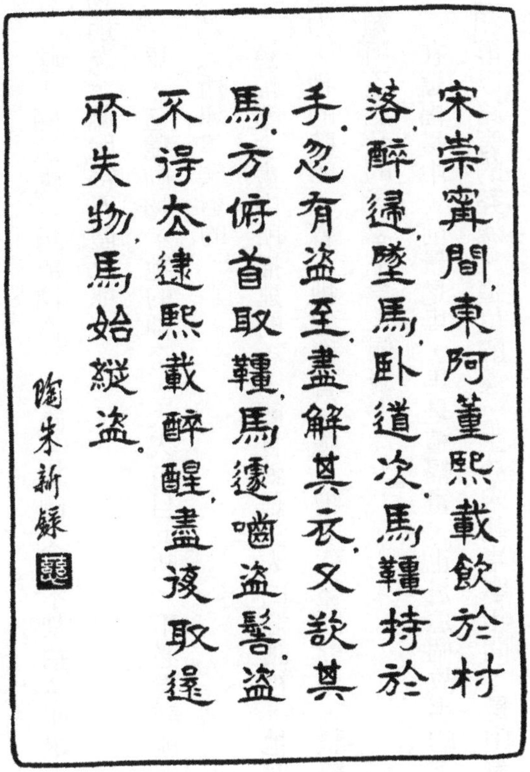
宋崇寧間東阿董熙載飲於村
落醉還墜馬卧道次馬韁持於
手忽有盜至盡解其衣又欲其
馬方俯首取韁馬遽嚙盜髻盜
不得去逮熙載醉醒盡復取還
所失物馬始縱盜
陶朱新錄

宋崇寧間，東阿董熙載飲於村落，醉歸，墜馬，臥道次。馬韁持於手。忽有盜至，盡解其衣，又欲其馬。方俯首取韁，馬遽嚙盜髻。盜不得去。逮熙載醉醒，盡復取還所失物，馬始縱盜。

陶朱新錄

／馬能擒盜

哇！閱這幅〈馬能擒盜〉的護生畫圖文，不禁拍案叫絕！對馬這種有靈性、有人性的動物朋友，佩服得五體投地。

馬，這種動物，牠的神奇，人人有目共睹，不必再詳述。馬的懿行、懿德，也是從古至今為人所津津樂道的。

這幅護生畫中所描述的馬，簡直就是主人的守護神，牠對主人的忠誠，牠對事情的判斷能力，牠的聰明才智，牠的機智反應，牠咬住盜匪髮髻，整整一夜不放的堅持，相信是許多人類所不能及的，怎不令人佩服！

在這幅畫中，前景是馬，馬是這幅畫，也是這個故事的主角，主人在故事中，只是喝醉酒和醉臥路旁的莽漢。這位醉漢，生於宋朝崇寧年間，是山東省黃河北岸東阿縣人，名叫董熙載，有一天董某人騎著馬外出，跟朋友在村子裡飲酒閒話，喝得爛醉如泥，回家時，坐在馬背上搖搖欲墜；走沒多久，果然落下馬來，躺在路邊醉得不省人事。

董某就這樣睡著了，還好牽著馬的韁繩還緊緊握在他手中。不久，有人經過董某身邊，見他沉睡不醒，起了盜心，將董某身上的衣物全偷了，還想將馬也偷走，當他俯身要去取董某手上的韁繩時，這匹馬忽然有了動作，牠低下頭張開嘴，一口咬住盜匪後腦勺的髮髻不放。

這下可被當場給逮著了，盜匪脫不了身，著急也沒用，一直等到董某人酒醒，發現是自己的愛馬立了奇功，緝拿住盜匪，保住了他的財物；這匹馬見主人將失竊的衣物取回後，才鬆口，放了那盜匪。

主人和馬都慈悲，沒有將盜匪送官；那盜匪被馬咬住髮髻動彈不得，一夜驚嚇，也夠懲罰其罪行了。

這馬，既懂人間事，又有慈悲心，真是匹一等一的好馬兒！

犬能捕盜

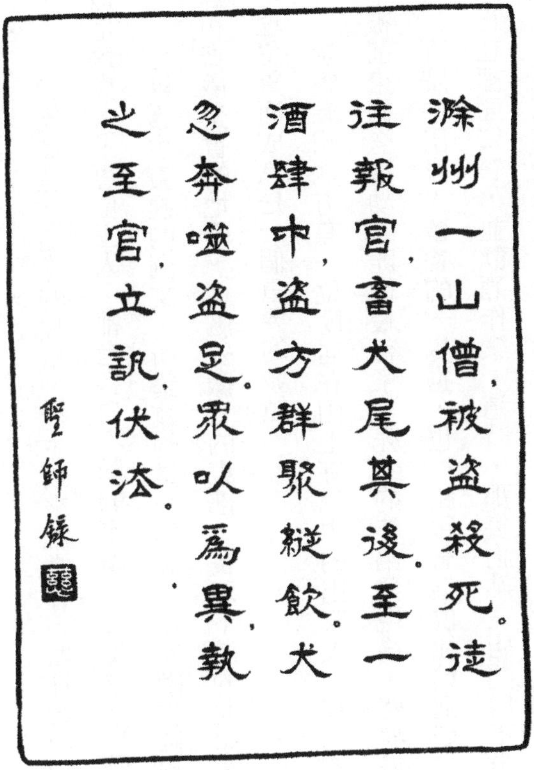

滁州一山僧，被盜殺死。徒往報官，畜犬尾其後。至一酒肆中，盜方群聚縱飲。犬忽奔噬盜足。眾以為異，執之至官。立訊，伏法。

聖師錄

／犬能捕盜

〈犬能捕盜〉這樣的故事，從古以來就常在人類社會中相傳，雖早已是老生常談的事，但是每隻犬、每位主人，都有各自不同的事蹟，總是令人百聽不厭，也叫人稱頌不絕。

這則護生畫裡的圖文，所講述的是一則發生在安徽省滁州地方的悲劇故事。滁州位於江蘇和安徽交會的地帶，地處安徽省的東部，長江下游的北岸，長江三角洲西部，因其優越的地理位置而成為是一個重要的城鎮。

話說滁州地方有一位隱居在山上寺院中的出家人，有一天，這位與世無爭的出家人，不幸被前來偷盜搶劫的匪徒殺害了。死者的徒弟發現後，悲痛得急忙前往縣城的官府報案。這時，寺院中出家人畜養的一隻狗，也一路跟著這位徒弟進城去。他們途經一家酒店，有幾個人正在裡面聚餐，並飲酒作樂。這時，那隻狗站在店門口不走了，牠嗅到了山上盜匪留下的氣味，原來這幾個正在喝酒吃肉的人，就是搶劫和殺害出家人的兇手；這隻機警的狗，立刻奔進酒店中，毫不客氣地咬住其中一個盜匪的腳，把酒肆中的客人都嚇壞了。儘管被咬的人哀哀大叫，狗還是不肯鬆口。這時，出家人的徒弟，覺得有異；酒店裡的人也感到奇怪；於是眾人合力將這幾位酒客捉拿了，送到官府裡去。官衙中的官爺，立刻升堂審案，這幾位盜匪知道事跡敗露，已經無所遁形，只好承認犯案。

這則故事中的狗真是忠心耿耿又機靈，牠不但為自己的主人雪冤，並協助官府，緝拿了兇手到案。

狗協助偵查和搜尋，從古至今都不是新鮮事。可見，狗這有情眾生的心思和嗅覺是多麼不可思議，人類還真是望塵莫及呢！而且狗的忠義性情，往往勝過人類。人們真的要好好疼惜牠們。

犬斃毒蛇

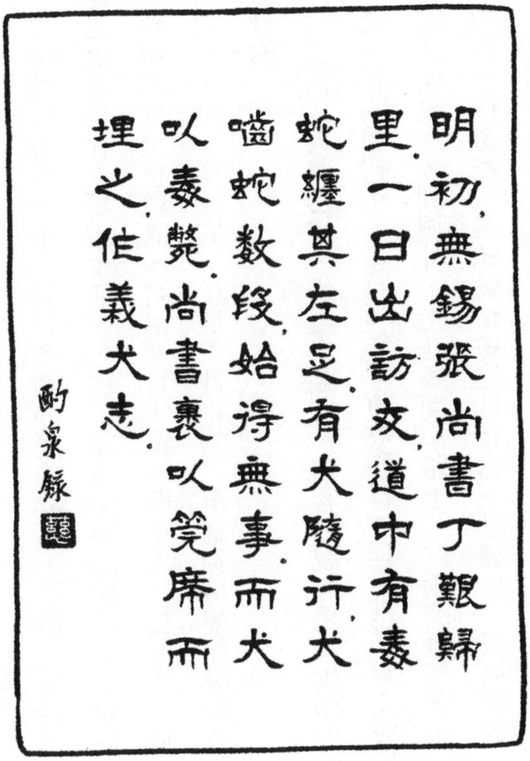
明初無錫張尚書丁艱歸
里一日出訪友道中有毒
蛇纏其左足有犬隨行犬
嚙蛇數段始得無事而犬
以毒斃尚書裹以莞席而
埋之作義犬志
酌泉錄

明初，無錫張尚書丁艱歸里。一日出訪友，道中有毒蛇纏其左足。有犬隨行，犬嚙蛇數段，始得無事。而犬以毒斃。尚書裹以莞席而埋之，作義犬志。

酌泉錄

／犬斃毒蛇

《護生畫集》中，有許多關於犬的故事，子愷先生在選題材時，對狗頗為偏愛，原因可能是因為狗在人類的生活中，占了非常重要的地位，猶如家人、摯友、警衛或忠僕；狗，在家畜中的地位也較高，可以穿堂入室，與主人一起生活；狗，在家庭中，在社會上，所扮演的角色，是多樣性的，也是人性化的。不論狗扮演什麼角色，牠們對主人的忠誠，都是無可置疑的。

這則〈犬斃毒蛇〉的護生圖文，內容述說的是一隻忠犬救主而犧牲自己性命的故事。這事發生在明朝初年，當時在江蘇省無錫有一位張姓尚書，由於母喪而丁憂在家守喪。有一天，他出門訪友，去到城外，走在鄉間小路上。路兩旁雜草叢生，他的腳步驚動了隱匿於濃密草叢中的一條毒蛇。毒蛇動作敏捷地在當下就纏住了張尚書的左腳。張某感覺異樣，往腳下一看，見到一條蛇，這一驚非同小可，以為自己難逃蛇吻了。

幸好，他今天出門時，帶著家中的愛犬同行。此時，機警的狗，不顧自身安危，立刻奮勇上前，咬住蛇身，並與蛇纏鬥。最後蛇被狗咬死，蛇身斷成數截。在這場犬和蛇的廝鬥中，張尚書得以安全無傷，撿回一命，但是愛犬卻不幸被蛇咬傷，很快就毒發而亡。

張尚書心中甚是悲痛，愛犬犧牲自己，救了他一命，愛犬於他，是救命恩人，也是再生父母。他決定好好埋葬愛犬，於是以絲線纏繞的竹蓆，憐愛的包裹愛犬的遺體，加以厚葬。並提筆為這隻既忠且勇的狗，寫了篇〈義犬志〉，作為紀念。

狗，救護主人，都是不假思索直接反應，那是一種愛和忠誠的表現；狗對主人如是，人類對狗是否也能付出相對的感情呢？

貓殉主

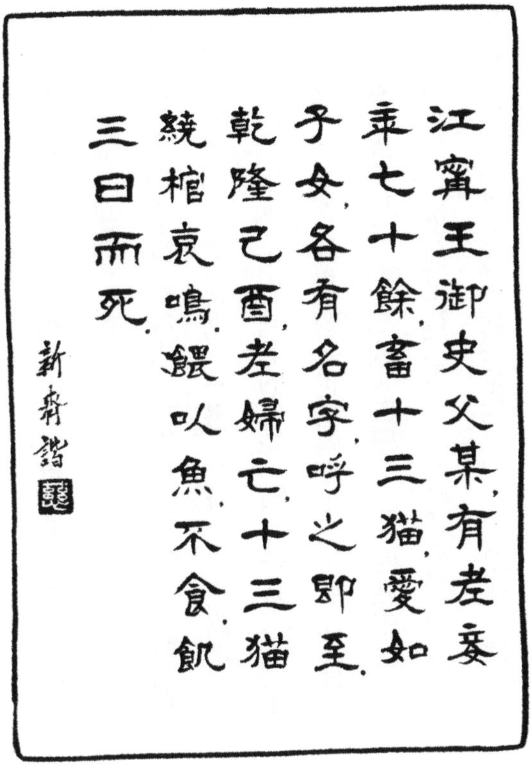

江寧王御史父某，有老妾年七十餘，畜十三貓，愛如子女，各有名字，呼之即至，乾隆己酉，老婦亡，十三貓繞棺哀鳴。餵以魚，不食，飢三日而死。

新齊諧

／貓殉主

這幅護生畫，名為〈貓殉主〉，貓會殉主嗎？聽起來有點不可思議。人們總是說：狗認主人，貓認窩，意思是狗對主人貧富美醜都不嫌，一心情義相挺；而貓並不如此，牠們是只認窩不認主人的，但這則故事，打破窠臼，讓人們對貓有了新的了解。

這則故事出自《新齊諧》一書，此書為清代乾隆末年袁枚所著，二十四卷，原名《子不語》，因原「說部」中有同名的作品，因而將其改名《新齊諧》。

袁枚，字子才，號簡齋，世稱隨園主人，浙江錢塘人，生於清康熙五十五年（一七一六年）。袁枚英才早發，十二歲入縣學，二十四歲中進士，任翰林院庶吉士，大學士史貽直見他所寫策論後，稱讚他是賈誼再世。袁枚歷知溧水、江浦、沭陽、江寧等縣，由於賢能愛民，政績佳，深得百姓愛戴。此書是採筆記形式記述，此部文言筆記小說，與紀昀《閱微草堂筆記》一書齊名。原書名取《論語・述而》篇中：「子不語：怪、力、亂、神。」之義，對於「怪異、暴力、悖亂、神鬼」等事是孔子所不談的，本書卻予以記述。因此，這是一部有意思的書，孔子不說的，袁枚來說。孔子不說的事，並不表示天底下沒發生，只是他不說而已。

此則讚揚貓有情有義的故事，發生在江蘇省的江寧縣，當地王御史的父親王老爺，有一位老妾，已經七十多歲高齡，她養了十三隻貓。這位老人家，對這十三位貓孩，寵愛有加，如同自己的孩子般疼愛。她為每位貓孩都取了名字，她只要輕輕呼喚某隻貓，那隻貓聽見了就會立刻跑到她身邊來。老人家愛貓如子，貓也愛她如母，母子相親相愛，彼此寄託感情。

乾隆己酉年時，這位慈悲善良的老人家辭世了。她遺下的那十三隻貓孩子，不捨地哀哀嗚叫，日夜不停，聽得人心酸；貓孩們圍繞在棺木邊叫喚愛牠們的母親，卻怎麼也喚不醒她。貓孩們悲痛欲絕，餵牠們最愛吃的魚，牠們也不肯吃；悲傷加上飢餓，十三隻貓孩都餓死在老人家的棺木旁，陪牠們心愛的母親上天堂去了。

好感人的故事，誰說貓無情無義呢？有情眾生的生命基礎，最重要的就是愛，有了愛，才會成為有情；有了愛，才會輪迴不休，在生死海中循環無端啊！愛，讓這十三位貓孩殉主，同為有情眾生，怎不感懷萬千！

伴侶

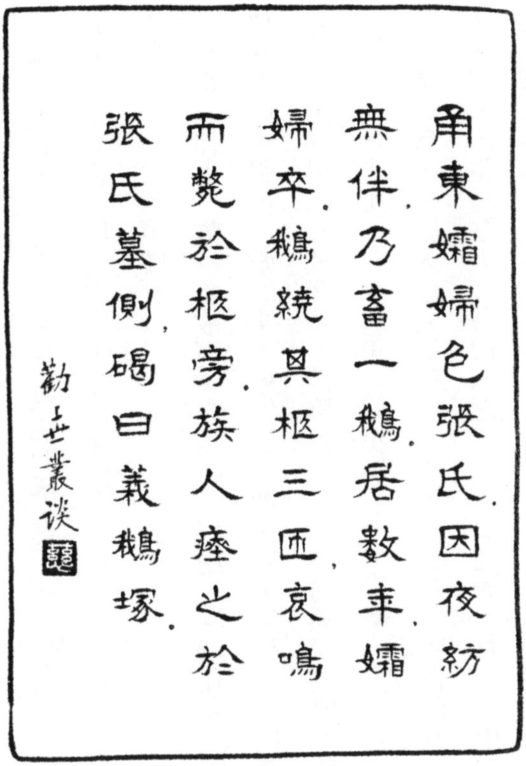
甬東孀婦色張氏因夜紡
無伴乃畜一鵝居數年孀
婦卒鵝繞其柩三匝哀鳴
而斃於柩旁族人瘞之於
張氏墓側碣曰義鵝塚
勸世叢談

甬東孀婦包張氏，因夜紡無伴，乃畜一鵝。居數年，孀婦卒。鵝繞其柩三匝，哀鳴而斃於柩旁。族人瘞之於張氏墓側，碣曰義鵝墳。

勸世叢談

／伴侶

脖子細長，走路神氣，長相美麗的鵝，是人們喜愛的動物。鵝，是家禽，因為地域觀念強，也有人養來看家，鵝看家的本領不輸給狗，常把上門的陌生人嚇得拔腿就跑，鵝會得意地乘勝追擊，追得來人氣喘吁吁。

這則〈伴侶〉的護生故事，主角是一隻鵝。話說在浙江定海舟山島附近的甬東地方，有一位婦人叫包張氏，她的丈夫過世了，她獨自生活著。這位婦人可能白天忙著別的事，每天都在夜晚才紡紗。夜間寂靜，四野無聲，只有紡織機的唧唧聲，顯得寂寞荒涼，點的油燈又暗，燈火閃爍不定，更感孤單，於是她養了一隻鵝，陪伴著她。

故事說到這，讓人感到好奇。一般人養在身旁陪伴的動物，大都是貓或狗，他們跟人互動多，跟人的生活貼近，善體人意，受人寵愛著，且在家中穿堂入室不受拘束。而這位婦人卻養鵝來陪伴，或許她喜愛鵝，這是前世的緣分，絕不是偶然的機緣而已。人和鵝，鵝和人牽扯著三世因果和相互報恩的輪迴故事。

婦人夜夜紡紗，鵝夜夜在一旁陪著，人鵝相依，感情如母子、如伴侶。如此人鵝相伴了幾年後，婦人過世了。家人親友為其辦理後事，靈柩停在家中，尚未出葬。婦人養的那隻鵝，哀哀鳴叫著，做出一件令人不可思議的事，牠像一個明理和懂禮數的人那樣，繞著棺柩走了三圈，然後暴斃於棺木旁。

鵝，太過傷心難過了，竟悲痛到斷腸而亡。鵝，有人心、有人性，即人們說的靈性；可見有情眾生，不論長成什麼形體，他們的心，他們的愛，都是純情而珍貴的；故事中的鵝，牠對主人的感情令人尊敬，牠的事蹟令人感嘆！

親友們將這隻鵝葬在婦人墳墓旁，讓牠永遠陪伴著親愛的主人。並在鵝的墓前立碑，刻著「義鵝塚」作為永久的紀念。

蛇護孱王

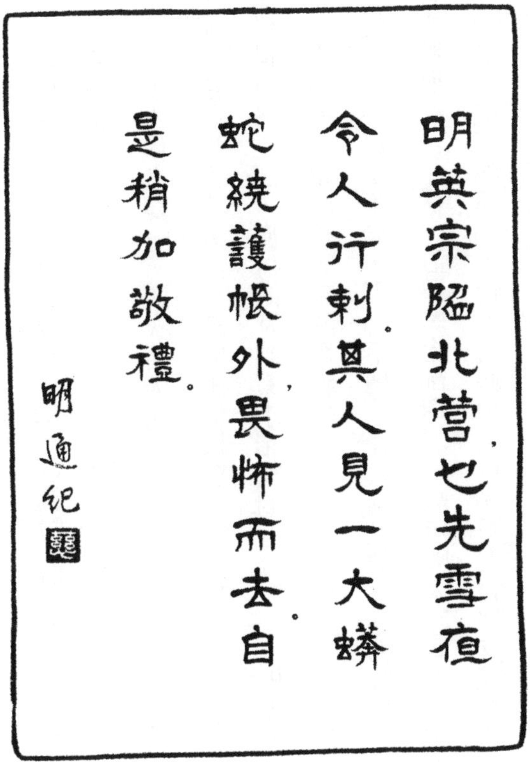
明英宗陷北營，乜先雪夜令人行刺。其人見一大蟒蛇繞護帳外，畏怖而去。自是稍加敬禮。
明通紀

明英宗陷北營，乜先雪夜令人行刺。其人見一大蟒蛇繞護帳外，畏怖而去。自是稍加敬禮。

明通紀

／蛇護孱王

〈蛇護孱王〉的護生故事，是一則真實的歷史故事。故事裡的王，指的是明朝英宗皇帝。

這個歷史故事，講述的是發生於明朝正統十四年（一四四九年）明英宗北征瓦剌失利，是為「土木堡之變」。該次衝突瓦剌（蒙古族）太師也先是導火線，他派遣了二千貢使前來京城，卻報稱三千人。司禮監王振核實使者人數，叫禮部按實際人數發給賞賜，又將瓦剌貢馬削價五分之四，僅付給瓦剌索求諸物的五分之一。也先大怒，於是兵分四路大舉攻擊明邊境，邊境的守軍與也先部隊奮戰失利，向朝廷求援。英宗聽信王振之言御駕親征，由於準備倉促，途中軍糧不繼，軍心不穩。在大同又聽宦官郭敬說前方戰敗，王振開始驚慌撤退，幾員大將戰死、中伏，五萬騎全部覆沒。英宗隨後到達土木堡，不幸被俘。

英宗成了階下囚，夜宿營帳中。也先派人於雪夜行刺英宗。受命行刺英宗的刺客，悄悄來到營帳外，在帳外觀察時，卻見到一條大蟒蛇盤踞在帳前，並用蛇身環繞營帳，彷彿在護衛住宿於帳內的英宗。刺客被這景象嚇到了，心中感到恐懼，沒能完成任務就害怕地逃走了，回去將所見情況稟報也先，自此也先對英宗也敬畏起來，並給予禮遇。

這則故事讀來有一種感覺，英宗與大蟒蛇可能有宿世的因緣，英宗以帝王之尊而落難，蟒蛇前來護衛，以報前世之恩。

從這個故事中，我們看到英宗大難不死，當時他甚至不知道是一條大蟒蛇救了他的性命。若說是巧合，大蟒蛇只是無意間來到營帳外，也沒想到就這樣救了英宗；但是，很多人都說世上沒有巧合的事，巧合的背後都有原因，只是人們不知不覺；這巧合其實是有因果在牽著線，有因果在主導著生命輪迴中種種生離死別和悲歡離合。

英宗是一位懦弱的君王，又一時落難於外，蟒蛇前來搭救，以報前世之恩，不論您信不信因果，這個故事依然是感人的！

求侶

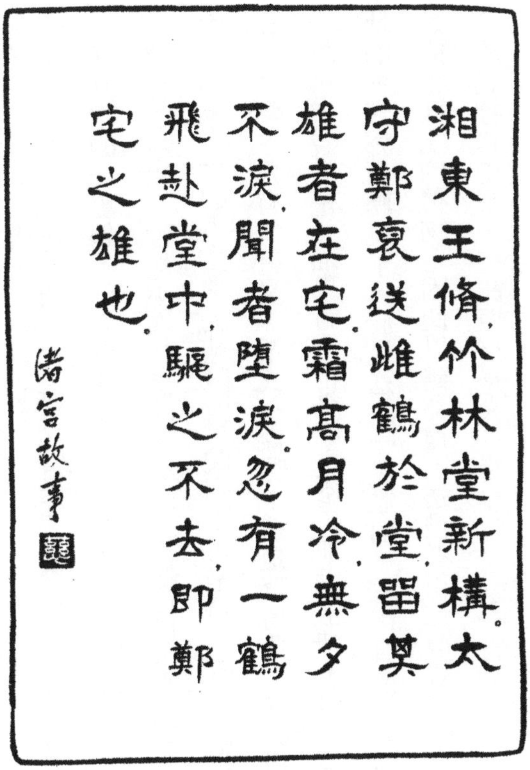
湘東王脩竹林堂新構太
守鄭裒送雌鶴於堂留其
雄者在宅霜高月冷無夕
不淚聞者墮淚忽有一鶴
飛赴堂中驅之不去即鄭
宅之雄也
渚宮故事

湘東王脩，竹林堂新構。太守鄭裒送雌鶴於堂，留其雄者在宅。霜高月冷，無夕不淚，聞者墮淚。忽有一鶴飛赴堂中，驅之不去，即鄭宅之雄也。

渚宮故事

／求侶

〈求侶〉這幅護生畫，內容說的是棒打鴛鴦兩路分的故事，肇事者是人，受害者是兩隻鶴。而其中的一隻鶴，千方百計地脫逃，去追尋牠的另一半，終能有情人再聚一堂。

這樣的故事，聽起來多熟悉啊！分明是自古以來耳熟能詳的愛情故事，不論是小說或戲曲中，亦或真實的人生中，都時時可聞啊！可是這則故事，說的不是有情有愛的人，而是鶴；可見，鳥類亦是有情有愛，跟人一樣呢！這是有情眾生的共通性。

故事裡說的是，湘東有一位名叫王脩的地方士紳，在自己家裡建了一座竹林堂，剛落成。當地的太守鄭裒聽說了，於是送來一隻雌鶴，當作賀禮。太守知道王脩是位雅士，鶴與竹林堂是能相匹配的禮物，因此以鶴為禮，送禮者和受禮者均能盡歡。

雌鶴被送走了，這鶴原來是太守養在自己家中的鶴。太守養了一對鶴，為了送禮，硬生生將恩愛的鶴夫妻給拆散了，雌鶴被送走了，留下雄鶴在家中。

王脩家中的竹林堂，有鶴徜徉其中，真是美事一樁呀！鶴與竹林堂相得益彰，讓王脩家中更顯高貴雅致。但是，這隻鶴自從來到王脩家，日日愁眉不展，尤其入夜，更深人靜，月冷霜寒，竹林堂都會傳來一聲聲鶴的哀鳴，那聲音淒淒切切，在幽微中透著濃濃哀傷，王脩家人聽了，都忍不住落淚。不知這鶴為何如此悲傷！

沒幾日，答案終於揭曉了。忽然有另一隻鶴翩然而至，飛進了竹林堂，王脩家人怎麼也趕不走。見新來到的鶴與太守送來的鶴，似夫妻久別重逢，恩恩愛愛，鶼鰈情深，該是一對鶴夫妻；後來一打聽，才知道這新來的鶴，原來是太守府中的雄鶴。

答案揭曉後，想來太守只好割愛，將這雄鶴也贈與王脩了。他或許覺得自己做錯了，應該一開始就將雙鶴一起贈送才對，實在不該拆散這對情深義重的鶴夫妻啊！

鴛鴦殉侶

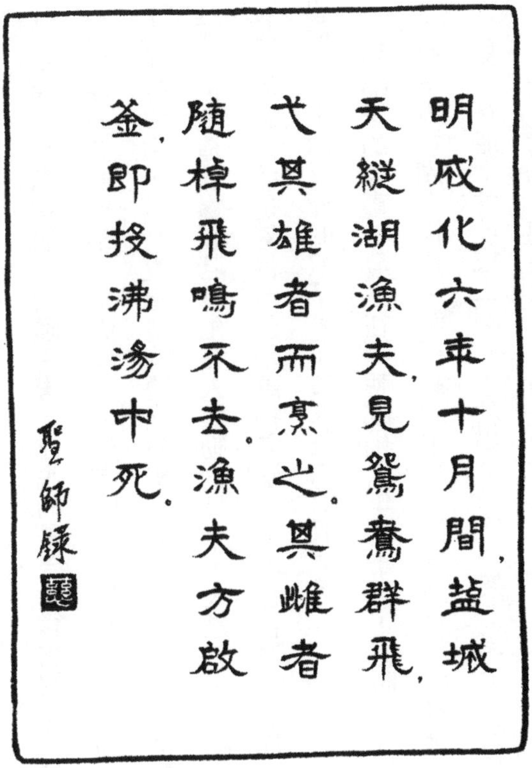
明成化六年十月間，鹽城
天縱湖漁夫，見鴛鴦群飛，
弋其雄者而烹之。其雌者
隨棹飛鳴不去。漁夫方啟
釜，即投沸湯中死。
聖師錄

明成化六年十月間，鹽城天縱湖漁夫，見鴛鴦群飛，弋其雄者而烹之。其雌者隨棹飛鳴不去。漁夫方啟釜，即投沸湯中死。

聖師錄

／鴛鴦殉侶

這幅〈鴛鴦殉侶〉的護生畫，述說的是一對鴛鴦的雙屍命案，讀來令人傷心欲絕。

這件命案的兇手，是人類。人們有時候不經意所造成的傷害，連自己都感到難以相信。在人類社會中，若發生這樣的雙屍命案，絕對令人髮指，也為人所不容，更會造成社會人心恐慌。但是這種慘劇若發生在人與動物身上，人是兇手，動物是受害者，人們好像就比較不在意；因為人總是覺得自己是萬物之靈，可以憑著聰明才智，發明和運用工具，為自己生活所需，或生活以外的欲望，而對大自然予取予求。

這幅畫的故事，發生在明朝成化六年的十月，當時，在江蘇鹽城縣的天縱湖，有一位漁夫，有一天在湖上捕魚，船行到湖中時，他見到有一群鴛鴦飛過湖面，一時興起拿起弓箭射下一隻，在船上就地拔去羽毛，升起小火爐，架上鍋子，要將鴛鴦煮來吃。

漁夫吃鴛鴦，聽來似乎有點不合情理；漁夫肚子餓了應該是捕條魚在船上煮來吃，今天卻心血來潮起了貪念，想要換換口味，或只是想要打打牙祭，或只是試試自己的箭術，於是信手射下一隻鴛鴦來大飽口福。

這隻不幸喪命的鴛鴦，是一隻雄鳥。正當漁夫在船上煮食這隻雄鴛鴦時，有另一隻鴛鴦在船邊飛來繞去，並哀哀鳴叫，不肯離去。原來鴛鴦都是成雙成對的，雄鳥死了，雌鳥不捨，悲慟難當，所以死命追著船和漁夫。

當漁夫見到鍋中的水滾了，直冒蒸氣了，想要瞧瞧鴛鴦煮熟了沒，他才剛掀開鍋蓋，出乎意料的事發生了，那隻一直尾隨小船不肯飛走的雌鳥，此時，急速衝進滾燙的熱水中，隨著雄鳥一起死去。

啊！多麼令人動容！多麼強烈的愛，多麼叫人震驚的舉動啊！雌鴛鴦不願獨自活著，投身湯鑊中殉情，追隨伴侶而去。

這漁夫一定大大受到驚嚇吧！怎麼會這樣？他萬萬想不到會發生這種事。試想，若我們是那位漁夫，心中能不震撼！想必那位漁夫，此後再也不敢射鳥了吧！對任何有情眾生，我們都要珍惜，要尊重，那就是慈悲。

雁坵

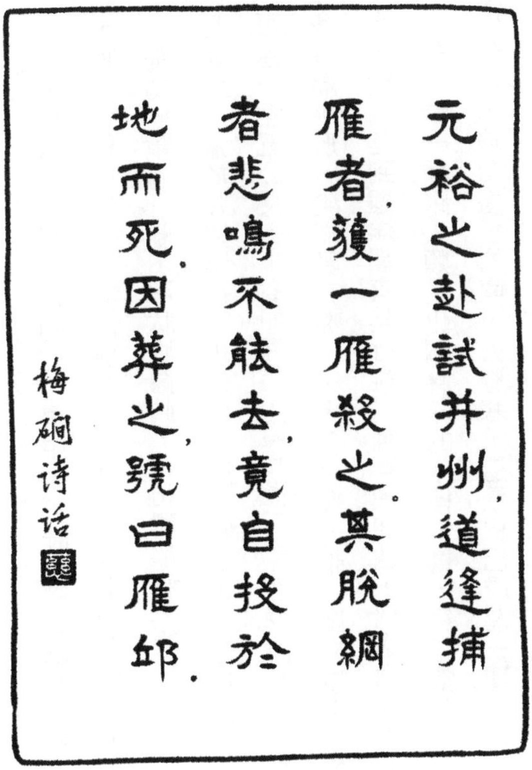
元裕之赴試并州，道逢捕
雁者，獲一雁殺之。其脫網
者悲鳴不能去，竟自投於
地而死。因葬之，號曰雁邱。
梅磵诗话

元裕之赴試并州，道逢捕雁者，獲一雁殺之。其脫網者悲鳴不能去，竟自投於地而死。因葬之，號曰雁邱。

梅礀詩話

／雁坵

《護生畫集》所收錄的的故事中，有許多篇章與雁有關，也跟雁坵或雁塚有關。似乎是因，雁，這種鳥類，用情特別深，是有情眾生中的多情種子。

雁為鳥類的一屬，形狀略像鵝，頸和翼都較一般鳥類長，足和尾較短，羽毛呈淡紫褐色，翅長而尖，適於長途飛行，也善於游泳。雁為水棲性鳥類，體型大小不一，大者如天鵝，體長可達一點五公尺，小者如棉鳧，體長僅三十公分。雁的頭較大，有些種類具有明顯的冠羽，喙多為扁平形，尖端具有嘴甲，大多長頸。雁，屬於游禽，棲息在各種水域環境，從鹹水到淡水，從內陸到遠洋都有其行蹤。雁有遷徙性，秋季南遷，春季北遷。

雁，是一種跟人類文化關聯深的水棲飛鳥，每年當北雁南飛季節，人們抬頭仰望雁群在空中飛過，飛向遙遠的南方去避寒，這景象已成為一種文化，更是一種美景，也帶給人許多啟發。

而雁，最感人的是一夫一妻制，他們成年後覓得佳偶，一雄一雌配對後，終身不二，尤其雁類中的天鵝、樹鴨、雁、麻鴨等種類，雄雌二鳥終身廝守，實行嚴格的一夫一妻制；而且夫妻共同撫育幼鳥，樹鴨的雄鳥甚至參與孵卵。雁的性格，由此看來，其人性化，並不輸給人類。

這則護生故事中，述說的是金元時期一位相當知名的文學家，名叫元好問，號裕之。有一年元裕之到并州去趕考，在路途中遇見一位捕雁人，這位獵人加設羅網在捕捉飛雁，當時剛好捕到兩隻雁。雁被捕後驚慌失措不停掙扎，有一隻雁終於掙脫羅網飛走了。脫逃的那隻雁，並沒飛多遠，只在獵人附近飛翔，因為牠心愛的伴侶還在獵人手上，牠在等待伴侶逃出後，一起遠走高飛。那隻脫網的雁，繞著獵人哀哀鳴叫，似乎在一聲聲地呼喚愛侶，也好像在對獵人苦苦哀求，請獵人放了牠的愛人吧！後來獵人狠心殺死牠的伴侶，牠悲痛得不想獨自活著，於是從空中直衝而下，撞地而死。

元裕之看在眼中，心下一驚，沒想到雁鳥的用情如此之深，更沒想到雁的性子如此之烈，令他感動萬分。於是向捕雁人買下兩隻雁的屍體，加以埋葬，並堆石為墓，號稱雁坵，以紀念這一對貞烈的野雁。

雁殉侶

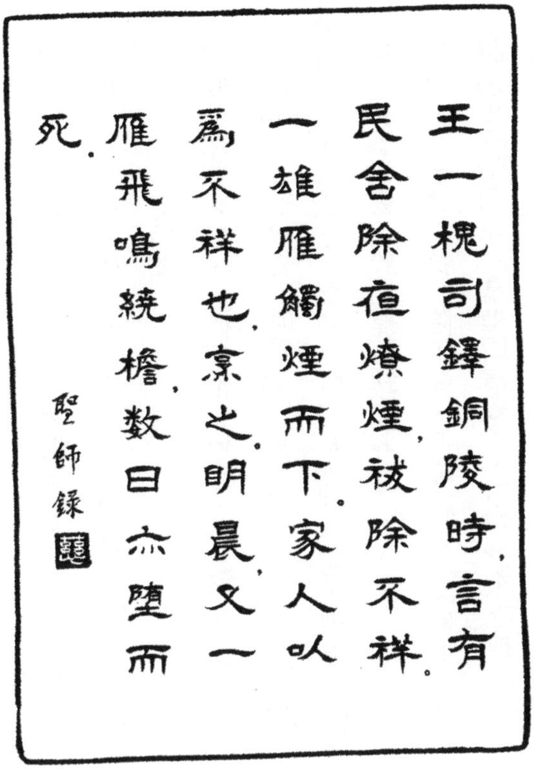

王一槐司鐸銅陵時，言有民舍除夜燎煙，祓除不祥。一雄雁觸煙而下。家人以為不祥也，烹之。明晨，又一雁飛鳴繞檐，數日亦墮而死。

聖師錄

／雁殉侶

又一則「雁殉侶」的故事，讀來真是心有戚戚焉！

這則出自《聖師錄》的護生故事，內容寫的是有一位叫王一槐的讀書人，有一年在銅陵地方教書時的所見所聞。

那時，年關將近，人們都忙著過年，家家戶戶歡天喜地。在除夕那天夜裡，附近民居有人燒起艾草紮成的火把，說是為了驅邪避凶。艾草燃燒起來了，四周煙霧瀰漫，白色的煙霧，裊裊升起，飄向天空。此時，剛好有雁群飛過，被這一陣煙霧給薰著了，其中有一隻，不敵煙味兒，昏了過去，於是掉落到地上。

雁鳥從天而降，掉到院子裡，把薰煙的人家嚇了一跳，他們認為過年期間，怕不吉祥，於是將那隻雁撿回家，拿進廚房殺了，下鍋煮來吃掉。

第二天，過年了，一大早，有一隻大雁不知從哪兒飛來，在燃燒艾草這家民居的屋簷附近飛來飛去，繞來繞去的，似乎在尋找什麼。

那是死去大雁的伴侶，前來找尋失蹤愛侶的蹤跡。牠記得自己的愛侶，在煙霧中就是從這裡掉下去的。大雁天天都不辭辛勞地尋尋覓覓，一連找了好幾天，哀哀鳴叫，呼喚心愛的伴侶，彷彿叫著：心愛的，你在哪裡？快回答我。牠的愛侶終究沒有回答。大雁心知肚明，牠的愛侶已遭不測，悲痛欲絕的大雁，心也跟著死去，不想獨自存活，於是從空中俯衝而下，墮地而亡。

這是什麼樣的感情啊！比人還純、比人還濃、比人還烈、令人無言！

王一槐聽說了這件事，心中感慨萬千。他沒想過雁能如此專情，還會為愛侶殉情，真令他震撼！可不是！聽到這個故事，誰能不感嘆！

人類豢養的各種動物，種類繁多吃也吃不完了，應為無辜的野生動物，留一條生路，少吃一口肉，有時會意想不到的救了兩條命。像這個故事裡的人家，若不殺雁，就不會發生雙屍命案，就能救起兩條珍貴的生命，這是對生命的愛惜和尊重，也是一種慈悲！可以護自己的心，又不造殺業啊！

義鴿

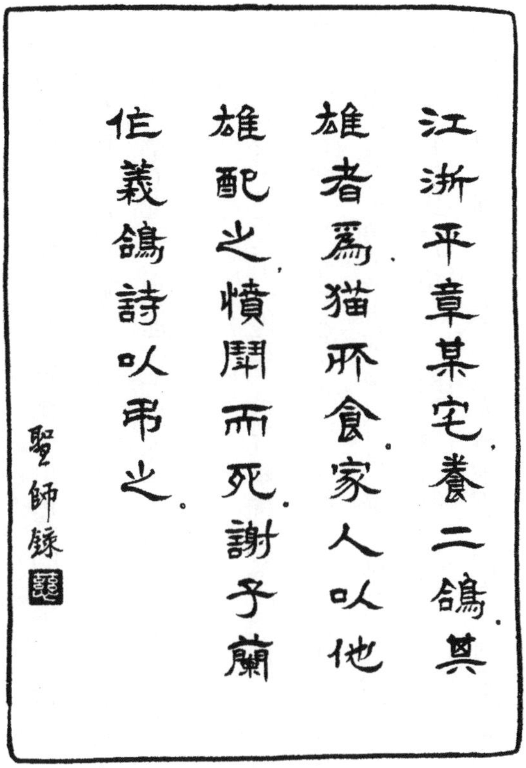
江浙平章某宅.養二鴿.其
雄者爲猫所食.家人以他
雄配之,憤鬥而死.謝子蘭
作義鴿詩以弔之.
聖師錄

江浙平章某宅，養二鴿。其雄者為貓所食。家人以他雄配之，憤鬥而死。謝子蘭作義鴿詩以弔之。

聖師錄

／義鴿

又一則感人肺腑的，有關鳥類中重情義的鴿子的故事。

鴿子是既美麗又溫馴的家禽。故事中的主角，是一對鴿子夫妻。故事發生在江浙地區，有一處叫平章的地方。那裡有一戶人家，家中養了兩隻鴿子。鴿子夫妻平日同進同出，相當恩愛。

這戶人家，還養了一隻貓。貓有獵食的天性。有一天不知是貓偷偷接近鴿子籠，或是鴿子飛到地上覓食，沒察覺貓悄悄靠近，總之，貓把雄鴿當成捕獲的獵物，並將雄鴿子吃了。待主人家發現時，鴿子不見了，只見到貓吃剩的幾根羽毛。主人家心裡難過，但也無法補救了，於是想到再找一隻鴿子，與孤單的雌鴿配對。

新的雄鴿找到了，主人好心地將牠們送作堆。但是沒想到，雌鴿不願意，牠憤怒地排斥新來的雄鴿，不肯就範，還抵抗雄鴿，並跟牠打起架來。雌鴿體型小，力氣弱，打不過雄鴿，不多久就被雄鴿啄死了。

這件事一傳十，十傳百，傳到了詩人謝子蘭的耳朵裡。謝子蘭異常感動，特地為這隻雌鴿寫了一首「義鴿詩」，以憑弔這隻守節的雌鴿。

這個故事讓人省思，人類對鴿子的感情世界真的所知不多。鴿子，看似簡單的生物，牠們的頭腦裡面想什麼，人們難以探知；牠們的愛情觀是怎樣的，人們更難了解。旌表人類社會中貞節烈女，或丈夫死了終生守節婦女的貞節牌坊，是否也該頒給這隻雌鴿一座呢！

有情眾生都有愛，以愛為生命的基礎，而智慧是萬物之靈的人類所專有的嗎？雌鴿的殉情，是本能？亦或是智慧的抉擇？人們不知道！

對這隻雌鴿，我們該給予尊重，並另眼看待。對與我們同生在這世上的所有生物，我們也要一視同仁，給予尊重和愛惜。

羊殉亡羔

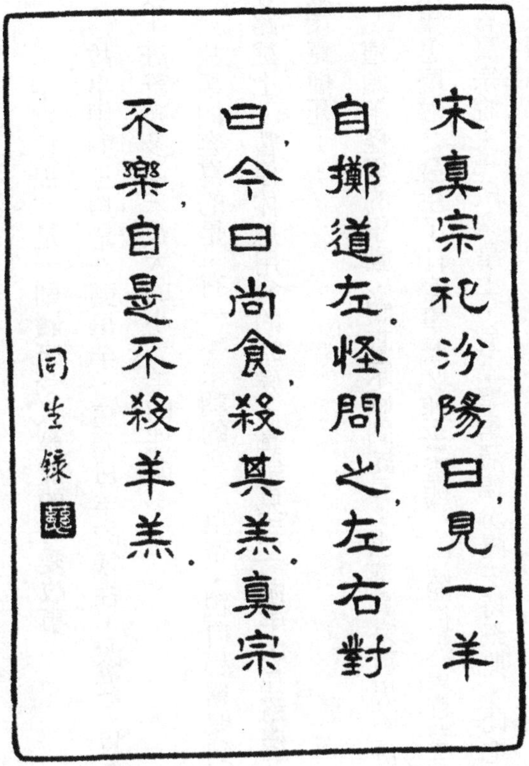
宋真宗祀汾陽曰，見一羊
自擲道左。怪問之，左右對
曰，今日尚食殺其羔。真宗
不樂，自是不殺羊羔。
同生錄

宋真宗祀汾陽曰，見一羊自擲道左。怪問之，左右對曰：今日尚食殺其羔。真宗不樂，自是不殺羊羔。

同生錄

／羊殉亡羔

〈羊殉亡羔〉是一則讀來令人鼻酸的母愛故事。

故事中的主角是一頭母羊，這頭母羊的犧牲，改變了貴為天子的真宗的飲食習慣，也挽救了許許多多尚未長大的小羔羊的性命。

故事內容寫的是，有一年宋朝的真宗皇帝，親自起駕要到汾陽去主持一個國家祭祀典禮。在路途上，暫停休息用餐的時候，真宗見到一頭羊，在路邊又跳又撞的，情緒似乎很激動，最後竟撞死了。

這頭羊怪異的舉動，讓真宗感到詫異，也讓真宗百思不得其解，於是招來手下問道：「這頭羊怎麼啦？發生了什麼事麼？速去查報。」隨從人員趕緊去查問羊自殺的前因後果，然後回報真宗說：「啟稟皇上，皇上聖駕蒞臨汾陽主持祭典，此地官員為了接駕，宰殺了小羊羔，作為御膳的菜餚。剛才撞死的羊就是小羊羔的母親，母羊大概是太傷心了，才會不斷跳擲致死，驚動了皇上。」

真宗聽到隨從的回報，心中非常難過。母羊喪子，心如刀割，跑到他御駕旁來抗議，還以身相殉來替心愛的孩子告御狀，可見這母羊的愛子之情有多深啊！牠的心中必定有無限冤屈和怨恨！真宗的心猛地被大大抽了一鞭，也大大被震撼了，人間最痛是生離死別，動物間的母子親情，跟人是一樣的，牠們也會痛啊！於是下令從此以後不准宰殺小羔羊。

真宗不愧是位皇帝，能關心羊的福祉，也懂得生態保育的重要。真宗若見母羊撞死，無動於衷，又大讚羔羊肉美味好吃的話，那御膳房裡天天都得屠殺小羔羊等著皇帝大啖美味，民間起而效之，每天有多少小羔羊要遭殃了。

真宗一念悲心，讓多少小羊得以倖免早夭，至少等長大了，再祭人們的五臟廟，總能多活些時日；誰不愛惜自己的生命，人們最害怕的就是死亡，有情眾生中的任何動物也跟人類一樣最怕的就是死啊！

母犬觸柱

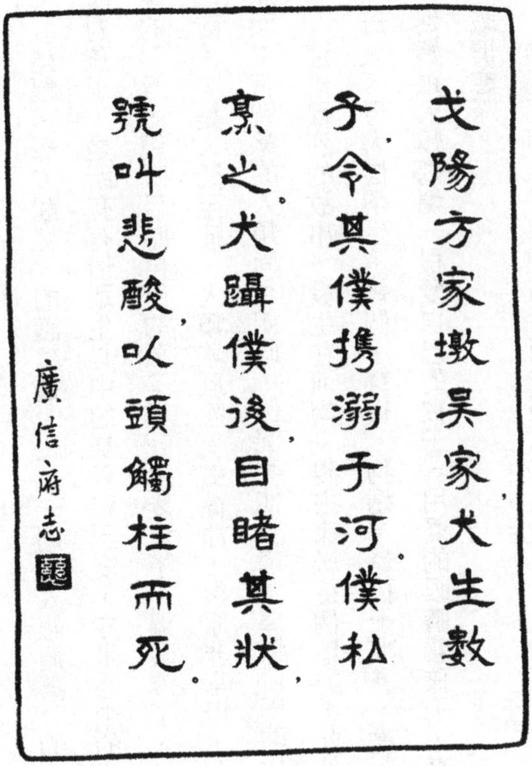
戈陽方家墩吳家，犬生數
子，令其僕携溺于河。僕私
烹之。犬躡僕後，目睹其狀，
號叫悲酸，以頭觸柱而死。
廣信府志

戈陽方家墩吳家，犬生數子，令其僕攜溺于河，僕私烹之。犬躡僕後，目睹其狀，號叫悲酸，以頭觸柱而死。

廣信府志

／母犬觸柱

這幅〈母犬觸柱〉的護生畫，也是一則令人悲痛萬分的動物故事。母子親情，尤其是母親對孩子，是所有有情眾生心中的摯愛和至愛，亦是心中的溫暖，也是心中的依託，更是心中的明燈，親眼目睹自己的孩子慘死，愛沒了，溫暖沒了，燈熄了，誰受得了啊！白髮人送黑髮人，是人間至痛，人類難以忍受這種痛，復原非常慢，在漫漫長夜中，一思及還要淚流滿面；有智慧的人類尚且如此，何況其他有情，這幅畫中的母犬就受不了，寧願以死相殉！

這樁慘烈的故事，發生在河南戈陽方家墩這個地方，此地有一位人士姓吳，吳家養了一條母犬，母犬懷孕生了幾個小寶寶。狗媽媽為孩子哺乳，盡心盡力地照顧自己心愛的寶寶。狗媽媽跟人類媽媽一樣愛自己的孩子，用愛的眼睛看孩子，真是愈看愈美，愈看愈可愛，愈看感情愈深。

狗媽媽與孩子相親相愛相依偎，真是幸福的一家人啊！但是這樣的日子並不長，風暴正在醞釀中，只是狗媽媽不知道罷了。

有一天吳家主人，忽然叫僕人將狗媽媽生的幾隻小狗，全捉起來，拿到離家不遠處的河裡全數溺死。這真是太驚悚了！這樣的決定，可能不是臨時起意，而是家中老小經過討論所做的抉擇。有人說狗太多不想養了；有人說養這麼多狗，食指浩繁，負擔太重；但是小孩說狗兒好可愛，要留著作伴……，最後做出的決定竟然不是棄養，而且淹死牠們。

僕人忽然來捉走小狗，小狗這麼小，還在吃奶，狗媽媽很不放心，於是緊跟在僕人後頭走。狗媽媽可能並不知道主人要溺死牠的心肝寶貝，只是覺得僕人行蹤可疑，想一探究竟。

僕人捉著幾隻小狗，並沒有拿到河水裡溺死，而是貪圖口腹之欲，將小狗宰殺了，烹煮來吃。僕人狠心地殺害小狗，這一幕狗媽媽全看見了。牠悲痛哀號，那號哭聲，聲聲入耳，令人聽了心酸落淚。

狗媽媽無法忍受這椎心的痛苦了，看見自己的孩子在眼前如此慘死，哪一個媽媽受得了？狗媽媽柔腸寸斷，心也碎成片片，根本不想活了，於是用力往柱子上撞過去，當場就撞死了！

這是怎樣的人家啊！主僕都如此狠心腸，沒有一絲對生命的愛惜和尊重！主人棄養家犬，已大不應該，還要溺死牠們！僕人永難滿足的口腹之欲，是貪的源頭之一，為了那喉下三寸的一時口感，如此殘害生靈，實在令人傷心難過啊！

鶴拔氅毛

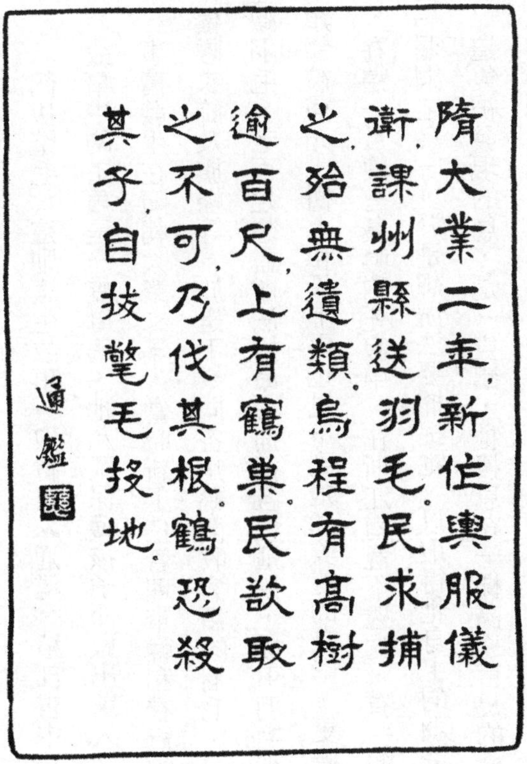
隋大業二年，新作輿服儀
衛，課州縣送羽毛。民求捕
之，殆無遺類。烏程有高樹
逾百尺，上有鶴巢。民欲取
之不可，乃伐其根。鶴恐殺
其子，自拔氅毛投地。
通鑑

隋大業二年，新作輿服儀衛，課州縣送羽毛。民求捕之，殆無遺類。烏程有高樹逾百尺，上有鶴巢。民欲取之不可，乃伐其根。鶴恐殺其子，自拔氅毛投地。

通鑑

／鶴拔氅毛

〈鶴拔氅毛〉這則護生故事，取材自《通鑑》這部書中一則動物母愛的感人故事。故事中的主角是一隻母鶴，牠為了保護孩子而做出驚人之舉。

事情發生在隋朝大業二年，當時新上任管理車輛和衣冠的輿服儀衛，因為需要羽毛來製作儀隊衣飾及旗幡等，於是下令向各州縣徵收禽類的羽毛。一聲令下，各州縣開始向老百姓催繳羽毛。老百姓想盡辦法拚命去捕捉各種飛鳥，拔下羽毛來繳稅。短時間之內，幾乎所有鳥類都被捕光，樹上和天上再也見不到飛鳥美麗的身影，更聽不到悅耳的鳥鳴。

在這一片沒有鳥鳴的死寂中，在浙江南邊不遠處，有一個叫烏程的地方，當地人發現一隻「漏網之鳥」，於是想辦法要捕捉牠，以取得牠身上的羽毛。

這隻被發現的鳥，是一隻鶴，牠棲息在一棵高逾百尺的樹上，因此不容易被發現。但母鶴覓食要飛進飛出，難隱行跡，況且母鶴正在育子，需要更多食物來餵養心愛的孩子，所以更勤於離巢，故而行跡敗露。

母鶴所棲息的大樹太高了，想捕鳥的人爬不上去，經過商議後，決定將大樹砍倒。當他們拿出斧頭要動手砍樹時，卻發現樹上落下來一片片的羽毛。

當地上的人撿起羽毛仔細一看，不正是那隻鶴的羽毛嗎？他們抬頭往樹上看去，只見母鶴用嘴喙從自己身上，一根根拔下羽毛，丟到地上送給想捕捉牠的人。

母鶴大可以飛走，砍樹是笨舉動，鳥有翅膀，隨時可飛離大樹；母鶴所以不走是因為正在育雛，不忍心丟下嗷嗷待哺的孩子自己逃生。見人們砍樹了，怕樹倒後自己的孩子要遭殃，為了保護孩子，他不希望人們砍樹毀了牠的家園，既然人類要的是牠的羽毛，牠就自拔羽毛送給人類，以滿足人類的需求，希望人類可以放過牠們母子。

多感人啊！母鶴愛子如命，跟人類沒有兩樣；牠為子犧牲自拔羽毛，不是自己怕死，而是怕孩子受到傷害；牠自拔羽毛這種驚人之舉，是鶴的智慧展現，是牠急中生智。

可見與人類相同的有情眾生，如這隻母鶴，如其他動物飛鳥，是有愛、有思想、有判斷力、能為愛犧牲、能為自己爭取生存權利的。身為萬物之靈的人類，該愛惜牠們，保護牠們，而不是對牠們予取予求。

悲鳴送子

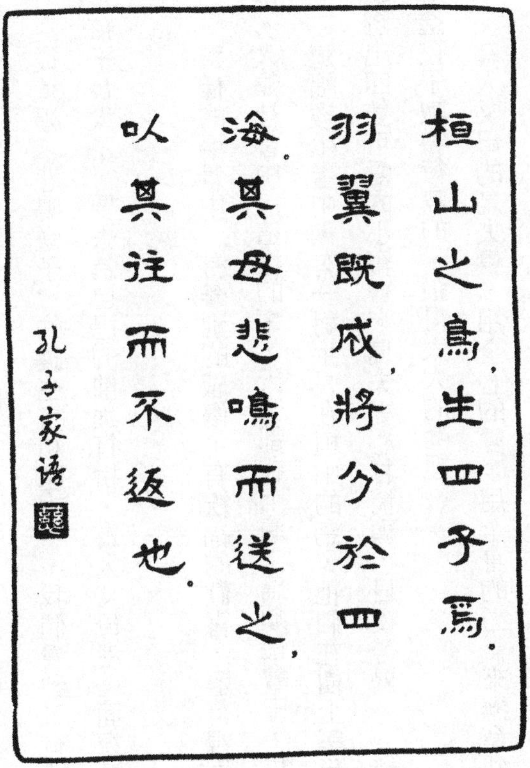
桓山之鳥，生四子焉。
羽翼既成，將分於四
海。其母悲鳴而送之，
以其往而不返也。
孔子家語

桓山之鳥，生四子焉。羽翼既成，將分於四海。其母悲鳴而送之，以其往而不返也。

孔子家語

／悲鳴送子

從這幅〈悲鳴送子〉的護生畫和題詞中，我們看到了有情眾生所遇到的相同問題，那就是孩子長大了，要去為自己的前途打拚，為人父母者一面祝福，一面含淚地目送孩子各奔前程。

這樣的場景中，有離別的感傷，有祝福的歡喜，還有親見自己撫養長大的孩子遠去的失落。人類社會中，這樣的事，天天都在上演；鳥類社會中，也一樣。

這幅護生畫中，有一對生長在桓山的鳥，牠們在樹上築巢，生下愛的結晶，用愛心和溫暖孵出四隻可愛的小寶寶。鳥夫妻心甘情願，日夜勞累，一趟又一趟出去為孩子尋找食物，填進孩子嗷嗷待哺的、張得大大的嘴裡。

為人父母的鳥夫妻，用全心的愛，用全身的力氣來撫育幼雛；像人類父母親一樣，希望孩子平平安安，順利長大；也跟人類父母那樣付出愛而不求回報。

孩子在父母呵護下，很快就長出羽毛，不多久羽翼也長豐滿了；鳥媽媽好高興，盡責地教孩子如何展翅飛翔；像人類媽媽那樣看孩子踏出人生的第一步，學會走路。

羽翼豐滿，學會飛翔的孩子們，就要離巢了，鳥媽媽當然知道；牠已不是第一次撫養孩子長大，看著牠們一隻隻飛走；鳥媽媽每次都含悲忍淚堅強地走過來，一心祝福孩子去展開自己的生活。現在，牠又要面臨這一窩的四個孩子離開牠身邊了。

可以想見鳥媽媽的心情，題詞中以「悲鳴而送之」，不足以形容鳥媽媽的不捨心情。鳥媽媽深知孩子們「以其往而不返也」，牠從此再也見不到心愛的孩子們了。

鳥媽媽的心情多悲戚啊！生離，是人生八苦之一，有情眾生中旁生動物亦復如是！

鳥媽媽看著四個孩子，飛向四方而去，漸飛漸遠，終於消失身影。祝福了，我親愛的孩子們，祝你們平安！健康！順利！做媽媽的除了祝福，和一顆永遠想你們，永遠愛妳們的心，再也不能給你們什麼了！

鳥媽媽祝福孩子們，而我們來祝福鳥媽媽吧！您是一位好媽媽，孩子長大了，多喜悅啊！

救命

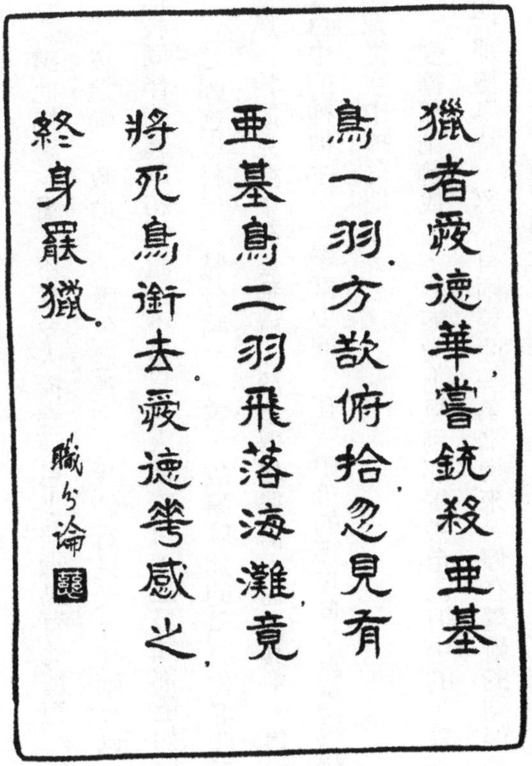
獵者愛德華，嘗銃殺亞基
鳥一羽。方欲俯拾，忽見有
亞基鳥二羽飛落海灘，竟
將死鳥銜去。愛德華感之，
終身罷獵。
職分論

獵者愛德華，嘗銃殺亞基鳥一羽。方欲俯拾，忽見有亞基鳥二羽飛落海灘，竟將死鳥銜去。愛德華感之，終身罷獵。

職分論

／救命

讀此幅護生畫，不禁令人掩卷嘆息！為飛鳥有此情誼而慨嘆！

從這幅〈救命〉的護生漫畫中，我們看見天上有兩隻鳥，啣著一位同伴一起飛離，這種搶救同伴的義舉和情誼，不是只有人類才有，連鳥類都能如此重情重義，真是叫人感動。

這幅畫取材自《職分論》一書，故事講述的是有位名叫愛德華的獵人，有一天他到海邊獵鳥，抬頭見空中有鳥飛過，於是舉起獵槍，瞄準其中一隻，屏息射出子彈。愛德華真是百發百中的神槍手，一擊就中的；在空中飛的那隻鳥，萬萬沒想到大難臨頭，莫名其妙就中槍，應聲從空中掉落地面。

愛德華循跡找去，在海灘上見到那隻被自己射中的，是一種名喚亞基的鳥。他剛要俯身撿拾那隻鳥時，忽然有兩隻亞基鳥飛過來，停在落難的同伴身邊，一左一右共同啣起中彈的同伴，然後奮力展翅飛走。

愛德華見到這一幕，心中大大吃驚！眼前的亞基鳥，一下子在他面前放大、放光，有如人，有如他的良心；他感佩於鳥類竟能有如此情誼，見同伴遇難，能不離不棄，還能合力將落難的同伴屍身搬運回去。

亞基鳥的這種行徑真是太不可思議了！在這種危機四伏且仍處在持續的危險狀況中，亞基鳥竟能如此迅速地展開救援行動，甚至連人類都難以做到，即使要做亦須思前想後做縝密計畫，才能出動救援；但眼前的亞基鳥，不經思考，基於情誼就直接俯衝過來救助同伴。亞基鳥做到了！人類真是自嘆不如啊！

愛德華感動之餘，也自覺慚愧，怎能獵殺如此重情重義的飛鳥，置牠們於死地呢！他深感自己是在造惡業。從此，收起獵槍，再也不打獵了！

犬哺貓子

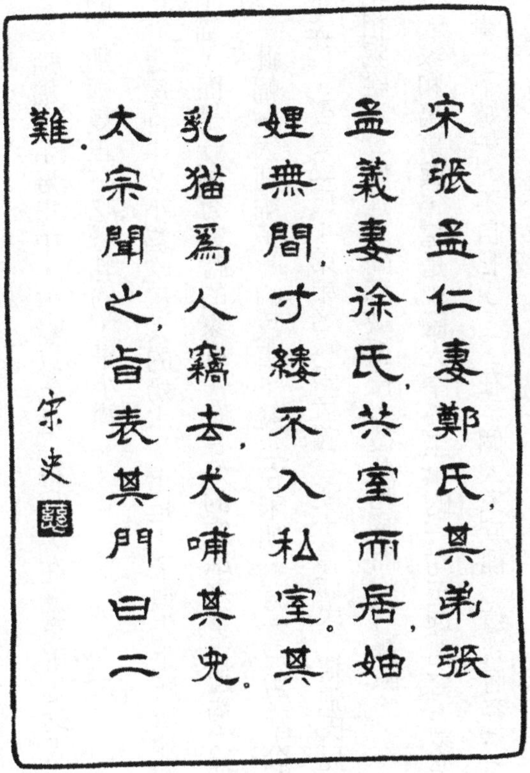
宋張孟仁妻鄭氏，其弟張
孟義妻徐氏，共室而居，妯
娌無間，寸縷不入私室。其
乳貓爲人竊去，犬哺其兒。
太宗聞之，旨表其門曰二
難。
宋史

宋張孟仁妻鄭氏，其弟張孟義妻徐氏，共室而居，妯娌無間，寸縷不入私室。其乳貓為人竊去，犬哺其兒。太宗聞之，旨表其門曰二難。

宋史

／犬哺貓子

這幅護生漫畫中，乍看以為是一隻母犬在撫育兩隻幼犬，正給幼犬餵食母乳；其實不是的，那兩隻正在吃母乳的，是小貓。

怎麼回事？小貓吃母犬的奶水？正是。子愷先生所敘述的這個故事，主角不僅是母犬和小貓，而是一個有懿行的家庭，在良好的家風之下，連貓犬都具有仁心，值得尊敬。

此幅〈犬哺貓子〉的故事，發生在宋朝，有一戶孟姓人家，家中有兄弟二人；哥哥名叫張孟仁，娶妻鄭氏；弟弟名喚張孟義，妻子為徐氏。這張氏兄弟倆感情甚好，而他們的妻子，也相處融洽，妯娌之間真誠相待，彼此和睦而沒有嫌隙。

家和萬事興，這是中國人奉為圭臬的一句至理名言。家要和，必須家中人人有情有義，不爭、不嫉妒、不自私……，在一個大家族裡，這談何容易；除非這個家族中當家的女人們彼此不猜疑，和衷共濟真心禮讓且凡事不計較……。

張家，做到了；張家的女人真正了不起，組起了一個和樂融融的大家庭。鄭氏和徐氏這妯娌二人，甚至不藏私，一點一滴，一寸一縷都公平周到，不暗攢私蓄。生活在這樣的家庭中，人人如沐春風，處處春風和氣，令鄰人羨慕。

張家所飼養的一隻母貓，生下了小貓仔，正在為貓寶寶哺乳中。但不幸的是，這隻母貓被人偷走，不見了蹤影。小貓整日哀哀鳴叫，呼喚母親，肚子餓了，沒有母乳可吃，叫聲更見可憐。張家的母犬正在哺乳小犬，見小貓失去母親，於是主動哺育小貓，發揮母愛，負起養育小貓的責任。

這事傳揚了出去，一傳十，十傳百，傳到了太宗皇帝的耳朵裡，高高在上的皇帝為這一家的懿行懿德和家風所感動，下旨表揚此二難。

二難，一是指此家族中人人和睦，二是家中所豢養的貓犬亦和睦相處不分彼此。這多難啊，要家和，則二難不可少。

犬護幼女

呈貢縣村民畜一犬甚馴其妻
採薪幼女隨之不及俄大雪薄
暮負薪歸女與犬俱不見明晨
邀村人尋之見女臥大樹下犬
偎倚其旁得不死此雍正十一
年十一月事

滇南雜志

呈貢縣村民畜一犬，甚馴。其妻採薪，幼女隨之不及，俄大雪。薄暮負薪歸，女與犬俱不見。明晨邀村人尋之，見女臥大樹下，犬偎倚其旁，得不死。此雍正十一年十一月事。

滇南雜志

／犬護幼女

〈犬護幼女〉的護生漫畫，出自《滇南雜志》一書。故事發生的地點在雲南，發生的時間是雍正十一年十一月。講述的是義犬救護幼主的感人事蹟。

在雲南呈貢縣的一處農村裡，有一戶村民在此安居，家中還養了一隻狗，既幫著看門，也給孩子作伴。這隻狗不但乖巧，性情也非常溫馴，成為家中孩子的好朋友。

這戶農民的妻子，要去山林中採集柴薪，好回家當燃料用。這位婦人拿起工具出門了，她的小女兒，也想跟著媽媽一起去。女兒跟出了家門，但媽媽急著去砍柴，孩子走路慢，跟不上；媽媽怕小孩子礙事，不想讓她跟，所以也沒等她，逕自入山去了。

沒多久，氣候變冷了，下起了大雪。片片如鵝毛般的雪花，覆蓋了大地。婦人在山中砍完柴，要回家時，已是黃昏時分，天漸漸黑了。

入山砍柴的婦人，根本忘了女兒是跟她一起出門的，以為孩子跟不上她的腳步，早就回家去了。此時進了家門，不見了女兒，到處找不著，才想起來，女兒會不會跟她進山裡去，在山中迷路，找不到路回家。這下可著急了，她又發現平時跟女兒形影不離的狗也不見了，可能隨著女兒一起出去了。

天黑了，暗夜裡分不出東西南北，不好找人幫忙。到了第二天早晨，他們焦急地邀集了鄰居一起入山去找女兒。

不多久，就發現女兒的蹤跡。只見她躺臥在一棵大樹下，家裡養的那隻狗用身體依偎著她。大家趨前去看，小女孩還有呼吸，沒在寒夜中因失溫而凍死。這多虧了愛犬以身體溫暖了小主人，讓小主人能保持著體溫，否則後果可想而知。

這是一則忠犬救主的故事。狗的重情重義，是本性使然，誰對牠好牠就忠於誰，不管主人貧賤富貴，其心不變，其志不改，身為萬物之靈的人類，很難做到這點。

義貓認主

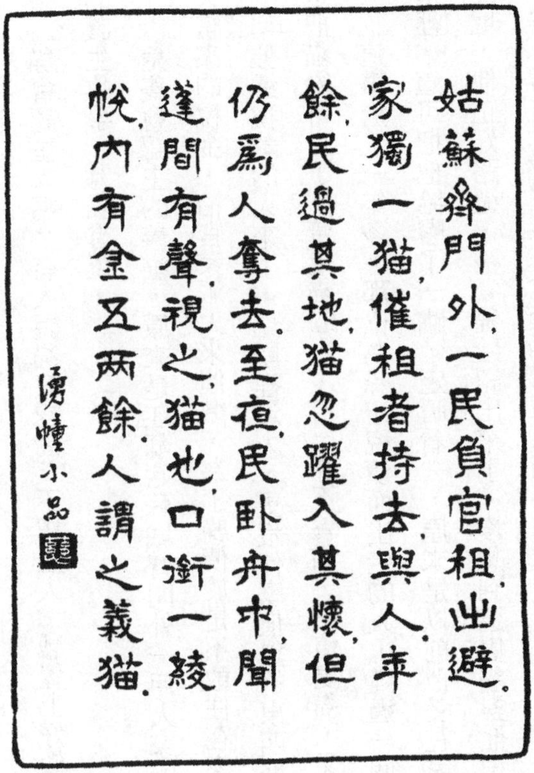
姑蘇齊門外一民負官租出避
家獨一貓催租者持去與人年
餘民過其地貓忽躍入其懷但
仍為人奪去至夜民臥舟中聞
蓬間有聲視之貓也口銜一綾
帨內有金五兩餘人謂之義貓
湧幢小品

姑蘇齊門外，一民負官租，出避。家獨一貓，催租者持去，與人。年餘，民過其地，貓忽躍入其懷，但仍為人奪去。至夜，民臥舟中，聞蓬間有聲，視之，貓也，口銜一綾帨，內有金五兩餘。人謂之義貓。

湧幢小品

／義貓認主

貓會認主人嗎？有人說貓只認窩，不認主人，感覺上好像貓較為無情。這則〈義貓認主〉的護生故事，為貓雪冤。

這隻會認主的義貓，原來是江蘇姑蘇城齊門外一戶人家所飼養的。牠的主人由於家貧，欠官家的稅金，怕官家派人來催繳，為了躲債於是不敢住在家裡，不知躲到哪裡去了。催繳稅款的人來了，見屋裡沒人，更沒什麼值錢的東西好抵稅，只有一隻可愛的貓，於是把貓給帶走了。帶走貓的人，自己卻不養貓，把這隻貓，又送給了別人。

這事過了一年多，那位為躲避稅債而出走的人，經過一個地方，忽然有一隻貓跳進他的懷裡。這可把他給嚇了一跳，定睛看去，原來是以前他養在家中的那隻貓；這貓被輾轉送到此地，他正好路過，被愛貓給認出來了。沒想到這隻貓對他還這麼有情有義，會出來認主。但是，現任的貓主人，也挺疼惜這隻貓，很快將貓領回去，原主人也無可奈何。

那天晚上，這位欠稅人夜宿在一艘小船上，夜深人靜之時，他忽然聽到船的篷帳間發出聲音，於是起身查看，原來是那隻貓找來了。他驚喜地將小貓抱進船屋裡，發現貓的嘴裡銜著一個小布包，打開小布包一看，裡面有五兩多的金子。

哇！這貓，堪當得上義貓之美名，對主人如此有情義，又如此盡忠！牠的忠義，不輸給人類的好朋友——狗。

太意外了！對這位貓主人來說，能見到昔日的愛貓，在他棄養之後，還活得好好的，已深感寬慰；貓來認牠，讓他覺得以前沒有白疼牠；貓來找他，回到他身邊，讓他感動涕零；貓啣黃金來助他，一解他的燃眉之急，這恩情就更說不完了。

誰說貓是高傲的，是無情無義的！這位貓主人從前對貓的疼愛，擄獲了貓的心，讓貓心中只有舊主人而沒有新主人，所以創造了這則奇蹟，也一雪貓無情無義的惡名。

鶴識舊人

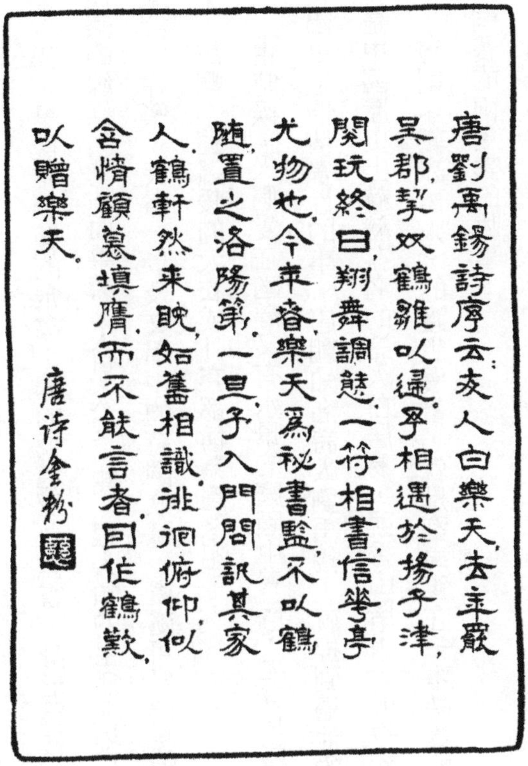

唐劉禹錫詩序云：友人白樂天，去年罷吳郡，挈雙鶴雛以歸。予相遇於揚子津，閱玩終日，翔舞調態，一符相書，信華亭尤物也。今年春，樂天為祕書監，不以鶴隨，置之洛陽第。一旦，予入門問訊其家人，鶴軒然來睨，如舊相識。徘徊俯仰，似含情顧慕填膺，而不能言者。回作鶴歎，以贈樂天。

唐詩金粉

／鶴識舊人

鶴，是優雅美麗的飛禽；鶴的羽色潔白似雪，身形雖較一般鳥類大，但其長長的脖子，優美的線條，靈活而柔美，人見人愛。鶴，跟人類的生活很接近，自古以來，不論音樂、繪畫、服飾、建築、民俗，以及文學中的詩詞歌賦，處處可見鶴聲鶴影。人們的生活中，還真是少不了鶴啊；連溫暖的大衣或外套都稱為鶴氅呢。

古時候，人們愛在幽靜又有水景的庭園中養鶴，尤其是騷人墨客；鶴，讓人們附庸風雅，養鶴更是怡情養性的事。唐朝知名詩人劉禹錫，就提到過他的好友白樂天所養的鶴。白樂天就是中國歷史上赫赫有名的詩人白居易，號香山居士、醉吟先生。

這則〈鶴識舊人〉的護生漫畫，就是劉禹錫在一本詩集的序中所寫的，有關白居易家中所飼養的兩隻鶴的故事。

劉禹錫說，他的好友白樂天，去年辭去在吳郡所擔任的官職，回到洛陽家中。他帶著兩隻出生不久的雛鶴一起回歸故里。白樂天在歸鄉途中，與他在揚子江相遇，真是巧啊！他鄉遇故知，格外高興，當然要一起把酒言歡話舊一番。

他們倆一起吟詩遊玩，縱情山水，而且逗弄著兩隻小鶴，帶著牠們歡喜地共遊。而那兩隻鶴，更是能解人情人語，極盡姿態地舞著，美妙的舞姿令人陶醉。他們相信這兩隻小鶴，是華亭鶴中的尤物。

華亭鶴是有典故的，華亭鶴，也稱雲間鶴，是松江古代的標誌性動物。南宋紹熙四年（一一九三年）的《雲間志》記道：「縣之東，地名鶴窠，舊傳產鶴，故陸平原有之歎。雲間，唳鶴之鄉也，得名舊矣」。劉禹錫有「丹頂宜承日，霜翎不染泥」的描寫，由此詩看來華亭鶴應該是丹頂鶴。唐代，華亭鶴有很高的名聲和身價。

回歸正題，到了今年春天，好友白樂天奉命擔任祕書監的官職，他去履新時將那兩隻鶴留在洛陽家中，沒有隨他上任。有一天劉禹錫到白樂天家中探望其家人，那兩隻鶴已經長高長大了，見到他來，跑到他身邊凝視並打量著他，好像他們是舊時好友一般，也似乎回憶起去年在揚子江邊歡喜遊戲的情景，故而在他身邊徘徊俯仰，好像心中有許許多多的話想要對他訴說，只是有口不能言。

劉禹錫見到這兩隻有靈性的鶴，如此貼心、如此念舊，真叫他疼愛，回家後就寫了一篇〈鶴歎〉詩送給白樂天，以表述自己的心情。

百舌詐死

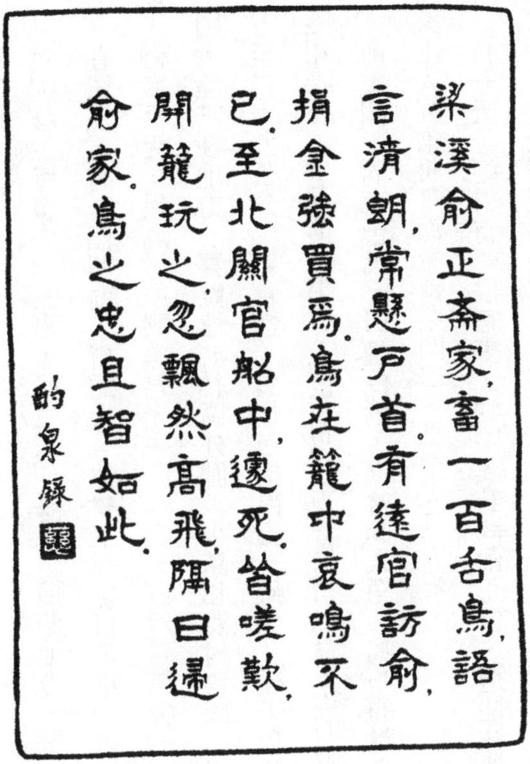
梁溪俞正斋家，畜一百舌鳥，語
言清朗，常懸戶首。有遠官訪俞，
捐金強買焉。鳥在籠中哀鳴不
已。至北關官船中，遽死。皆嗟歎，
開籠玩之，忽飄然高飛，隔日歸
俞家。鳥之忠且智如此。
酌泉錄

梁溪俞正齋家，畜一百舌鳥，語言清朗，常懸戶首。有遠官訪俞，捐金強買焉。鳥在籠中哀鳴不已。至北關官船中，遽死。皆嗟歎，開籠玩之，忽飄然高飛，隔日歸俞家。鳥之忠且智如此。

酌泉錄

／百舌詐死

這則護生漫畫中的故事，發生在「梁溪」這個地方。梁溪，就是江蘇的無錫。

在梁溪，有一個叫俞正齋的人，他養了一隻百舌鳥。百舌鳥，即烏鶇，是鶇科鶇屬的鳥類，俗名反舌、黑鳥、中國黑鶇、牛屎八八、百舌、烏吸。分布於歐洲、非洲、亞洲，包括中國大陸許多地方，喜歡棲於林區外圍、小鎮和鄉村邊緣、平野、園圃的樹上。身長二十三點五至二十九公分，雜食性，食物包括昆蟲、蚯蚓、種子和漿果等。雄性的烏鶇除了黃色的眼圈和喙外，全身都是黑色。雌性和初生的烏鶇沒有黃色的眼圈，但有一身褐色的羽毛和喙。

俞家飼養的百舌鳥，口齒伶俐，很會學人語，鳴叫的聲音也格外悅耳，非常討人喜歡。俞家主人經常將鳥籠懸掛在門口，真是人見人愛。

有一天，遠方有一位官吏，到梁溪訪問俞正齋，還住在他家裡。俞家當然盡心地招待這位官爺。官爺發現這隻討人喜愛的百舌鳥，也喜歡逗牠玩；官爺要離開時，實在是太愛這隻鳥了，於是出了價錢硬將這隻鳥買去。俞家雖然捨不得，也不能跟官家對抗。官爺帶走百舌鳥時，鳥在籠子裡哀哀鳴叫，不願離開，俞正齋只能祝福這隻愛鳥此去平安。

官爺一行人到了北關，坐上了官船，準備走水路。此時發現鳥籠中的百舌鳥，一動也不動，「死了，真是可惜啊！這麼一隻難得一見的好鳥兒！」眾人都在為死去的百舌鳥嘆息。官爺也很不捨，叫人打開鳥籠一探究竟。

當鳥籠的門被打開的同時，那隻百舌鳥忽然活了過來，張開翅膀飛了起來，飛向空中，一忽兒就不見了蹤影。

眾人驚歎，這鳥竟會詐死，實在太聰明了。鳥都飛走了，也就算了，官船開走，留下一段佳話。

第二天，這隻百舌鳥，自己找到回家的路，飛回主人身邊，俞家人高興得不得了。大歎這隻百舌鳥對主人的忠心耿耿，也讚歎這隻鳥兒的智慧，能以詐死之術逃離，還能尋路回家，其機智甚至超過人類呢！

犬寄書

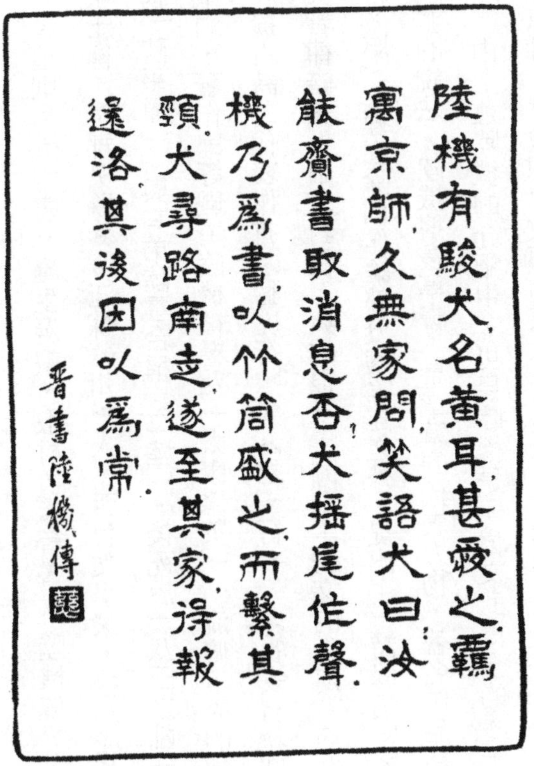

陸機有駿犬，名黃耳，甚愛之。羈寓京師，久無家問，笑語犬曰：「汝能齎書取消息否？」犬搖尾作聲。機乃為書，以竹筒盛之，而繫其頸。犬尋路南走，遂至其家，得報還洛。其後因以為常。

晉書　陸機傳

／犬寄書

這則〈犬寄書〉護生漫畫，取材自《晉書・陸機傳》。陸機（二六一—三〇三年），字士衡，吳郡吳縣（今江蘇蘇州）人，西晉文學家，曾為成都王司馬穎表為平原內史，故世稱「陸平原」。與其弟陸雲合稱「二陸」。後死於「八王之亂」，被夷三族。曾歷任平原內史、祭酒、著作郎等職。陸機被譽為「太康之英」。流傳下來的詩，共一〇四首，大多為樂府詩和擬古詩，代表作有《猛虎行》、《君子行》、《長安有狹邪行》、《赴洛道中作》等。其文音律諧美，講求對偶，典故很多，開創了駢文的先河。而在文學理論方面，陸機的著作為〈文賦〉，裡面除創作論部分的論述之外，提出了「詩緣情」之說，開啟了中國文學「詩言志」一派的說法。陸機擅長草書，是章草的代表人物，著名作品為〈平復帖〉。

由上述陸機的介紹中，可見陸機是一位文武雙全的才子，他是蘇州人，因身為京官常駐京師，常會想念故鄉的家人。他養了一隻既大又駿的狗，取名黃耳，他對黃耳疼愛有加，視同家人般看待。有一陣子，家中久無音訊，陸機甚為懸念。有一天，他看著眼前的黃耳，又想起家人，於是笑著問黃耳說：「你能替我傳送家書回故鄉嗎？你能將回信帶來京師給我嗎？」沒想到黃耳竟像聽懂了似的，直搖著尾巴，還興奮地吠叫著，彷彿答應了，而且回答說：「我可以，我會做到。」陸機很高興，立即寫了一封家書，裝在一個竹筒裡，將竹筒綁在黃耳脖子上，鼓勵牠出發吧。

黃耳出了家門，一路往南走，竟然真的走回到家鄉蘇州，將家書交給家人，還取了回信回到京城洛陽陸機府中。

黃耳完成送家書的任務，陸機喜出望外，對黃耳更是另眼看待，也更加疼惜牠。從那時起，黃耳便擔當起陸機的私人快遞員，經常為他傳遞家書。

黃耳，真是隻好狗。能有一隻這樣的狗，實在太幸運，也太幸福了。不知黃耳來往洛陽和蘇州途中，是怎麼過日子的，牠的機智讓牠得以避過許多危機，還能填飽肚子，才能執行任務。如此大的考驗，在當時人都不易做到，牠卻做到了，真是令人敬佩。

白鶴寄詩

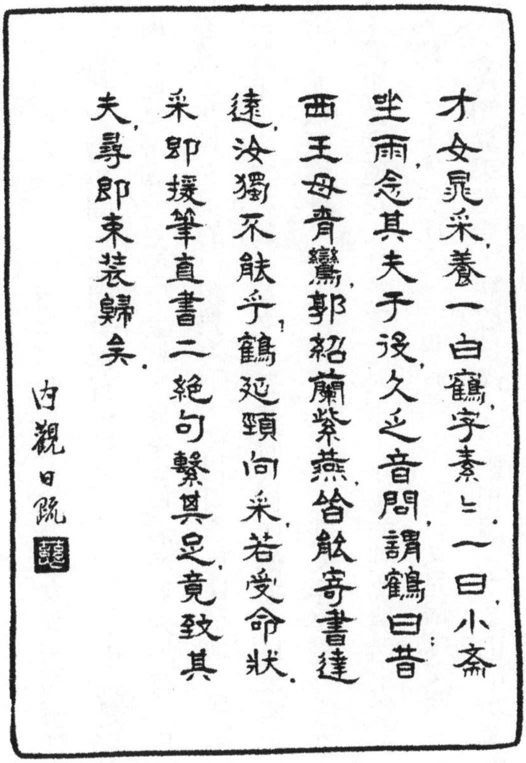

才女晁采，養一白鶴，字素素。一日，小齋坐雨，念其夫于役，久乏音問，謂鶴曰：「昔西王母青鸞，郭紹蘭紫燕，皆能寄書達遠，汝獨不能乎？」鶴延頸向采，若受命狀。采即援筆直書二絕句繫其足，竟致其夫，尋即束裝歸矣。

內觀日疏

／白鶴寄詩

〈白鶴寄詩〉，內容是述說一隻白鶴為才女晁采傳遞情書的故事。

唐代大曆年間，江南吳郡有一戶晁姓官家，晁老爺是江北地方官，晁夫人並未隨夫前往任所，而是帶著女兒留守家鄉。晁家女兒名喚晁采，有沉魚雁落之姿和閉月羞花之貌，且天資靈慧，在通文墨的母親教誨下，琴棋書畫樣樣精通。晁家母女成了遠近聞名的才女。

晁采，小字試鶯。其文采為當時人們所傳揚。晁采與鄰居少年文茂青梅竹馬，常以詩作傳情，並私訂終身。兩人在戀愛過程中，晁采曾致送一顆蓮子給文茂，此蓮子墮入水盆中，後來開出並蒂蓮花，文茂喜報晁采，年少的兩位情侶也趁家人不在時歡合。晁采的母親知道後，歎曰：「才子佳人，自應有此。」遂將女兒歸嫁文茂。

文茂和晁采婚後，鶼鰈情深，形影相隨。文茂也用功讀書，參加科舉考試。天從人願，不久，文茂進士及第，授職為淮南道福山縣尉。

文茂未歸前，有一天，下著雨，晁采閒坐書齋中，聽著雨聲，想著好久沒文茂的音訊了，更覺思念丈夫。於是對著自家所飼養的一隻名叫素素的白鶴說：「從前西王母養的青鸞和郭紹蘭養的紫燕，都能幫著主人傳送書信到很遠的地方，難道你不行嗎？你能不能幫我傳信去給我的夫婿呢？」素素好似聽懂了主人的要求，對晁采伸長著脖子，表示可以的，我去幫你送信吧。晁采立即拿起紙筆寫了二首七言絕句，用絲線綁在素素腳上，讓牠飛去尋找夫婿，為她傳遞相思之情，並催促夫婿早日回鄉。

晁采所說的青鸞，是神鳥，會傳書沒話說；而燕子素以雌雄頡頏，飛則相隨，成為愛情的象徵。唐朝的才女郭紹蘭在燕足繫詩傳給其夫婿任宗，任宗離家數年，當時來到荊州，忽然有一隻燕子飛到他肩上，燕腳上綁著一封信，他解開一看，是妻子紹蘭所寄，感泣而歸。其《寄夫》詩云：「我婿去重湖，臨窗泣血書，殷勤憑燕翼，寄於薄情夫。」

晁采的白鶴素素，也不負主人期望，將書信送達文茂。文茂金榜題名後衣錦還鄉時，也將素素帶回家中。後來，晁采隨文茂往淮南赴任，協助文茂治理一方。這對才子佳人並蒂蓮開，佳偶天成，加上白鶴寄詩的愛情故事，傳為美談。

當年素素為主人所寄送的詩，內容如下：

〈子夜歌〉

其一

牖前細雨日啾啾，妾在閨中獨自愁；何事玉郎久別離，忘憂草樹豈忘憂。

其二

春風送雨過窗東，忽憶良人在客中；安得妾身今似雨，也隨風去與郎同。

收到如此情書，難怪文茂歸心似箭呢！

傳書鴿

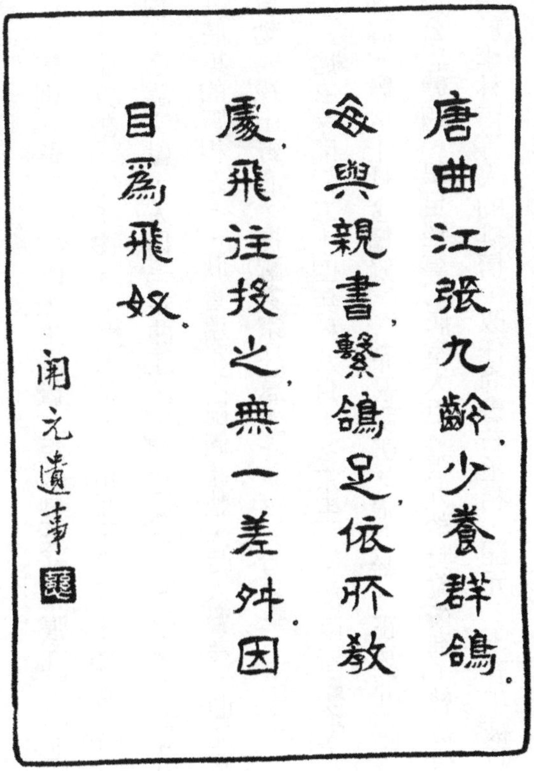
唐曲江張九齡，少養群鴿。
每與親書，繫鴿足，依所教
處，飛往投之，無一差外。因
目為飛奴。
開元遺事

唐曲江張九齡，少養群鴿。每與親書，繫鴿足，依所教處，飛往投之，無一差外。因目為飛奴。

開元遺事

／傳書鴿

這則〈傳書鴿〉的護生漫畫，說的是大詩人張九齡和他所飼養的一群鴿子的故事。

張九齡，字子壽，一名博物，韶州曲江人（今廣東省韶關市）。唐代著名詩人、官至宰相，卒諡文獻，人稱「張曲江」，著有《張曲江集》。張九齡從小聰敏善文，有文名。為開元時期的賢相之一，耿直溫雅，風儀甚整，時人譽為「曲江風度」。他不避利害，敢於諫言，曾劾安祿山野心，提醒玄宗注意。

唐玄宗開元二十四年秋八月，玄宗生日，群臣皆獻珍罕，獨張九齡上「事鑑」十章以伸諷諫，號《千秋金鑑錄》，帝甚嘉美。張九齡守正嫉邪，剛直敢言，成為安史之亂前最後一位公忠體國、舉足輕重的唐室大臣。張九齡獎勵後進，曾提拔王維為右拾遺，盧象為左補闕。由於李林甫等人的排擠，改任尚書右丞相，開元二十五年被貶為荊州長史，召孟浩然於幕府。開元二十八年，在家鄉曲江病逝，享年六十三歲。張九齡的五言律詩情致深婉，人人耳熟能詳的〈望月懷遠〉中「海上生明月，天涯共此時」的詩句成為千古絕唱。

如此的張九齡，實在令人肅然起敬。他小時候就文采斐然，是飽讀詩書的一位小文學家。少年時期，喜愛鴿子，因而飼養了一群飛鴿。他養鴿子，不是隨便養養，養著好玩而已，他還訓練鴿子，讓每隻鴿子都身懷絕技，成為信鴿。

每次他想寫信給親朋好友，鴿子就派上用場，將他寫的書信安穩傳送至收信人手中。寫信，將書信綁在鴿子腳上，這都是簡單的事；要教導鴿子將信送給誰，收信人住在哪個城市、哪個鄉鎮、哪個巷弄中、哪戶人家，並準確送達無誤，這可不容易，不知他是怎麼教鴿子做到的？

張九齡和他的鴿子，就是這麼厲害。這一群會飛的限時專送快遞員，讓年少的張九齡成為傳奇人物，此飛鴿傳書的故事，甚至在《開元遺事》一書中被記上一筆，而留名青史。

鴿子，這有情眾生，其智慧、其忠誠，真不可低估也。

雁足帛書

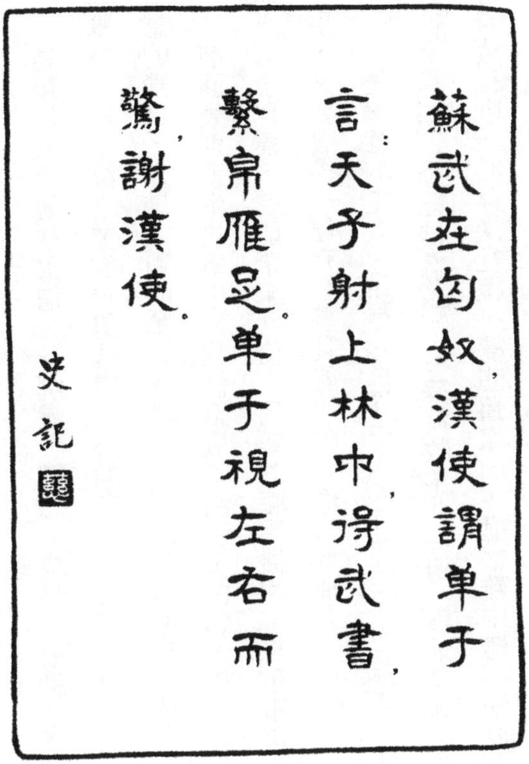
蘇武在匈奴，漢使謂单于言：天子射上林中，得武書，繫帛雁足。单于視左右而驚，謝漢使。
史記

蘇武在匈奴，漢使謂單于言：「天子射上林中，得武書，繫帛雁足。」單于視左右而驚，謝漢使。

史記

／雁足帛書

鳥類為人們傳送書信，一解遊子鄉愁，或戀人相思之情，甚至軍隊中運籌帷幄的將領，其軍機軍情也經常要靠飛鴿傳書。鳥類為人類服務，自古以來都不是什麼稀奇事兒。可見有智慧的飛鳥，亦是人類的至交，是可以交託祕密的親密朋友。

前面幾則護生故事中，我們讀過了鴿子、白鶴、燕子等為人們傳送家書和情書，不負使命，安全送達，還能帶來回信。鳥類的聰明機智，真是不可小覷。這則〈雁足帛書〉的護生故事，又要褒揚一隻有智慧且能使命必達的飛雁。

這隻飛雁的主人，是華人世界中人人耳熟能詳的蘇武。提到蘇武這位了不起的漢使，〈蘇武牧羊歌〉不禁在耳邊響起：「蘇武牧羊北海邊，雪地又冰天，羈留十九年，渴飲雪，飢吞氈，野幕夜孤眠。心存漢社稷，夢想舊家山，歷盡難中難，節旄落盡未還，兀坐絕寒時聽胡笳入耳心痛酸。蘇武牧羊久不歸，群雁卻南飛，家書欲寄誰？白髮娘望兒歸，紅粧守空幃，三更徒入夢，未卜安與危，心酸百念灰，大節仍不少虧，羝羊未乳不道終得生隨漢使歸。」

「蘇武牧羊」的歷史故事，人人知曉，在此不必贅述。歌詞中提到，群雁卻南飛，家書欲寄誰？可巧了，蘇武的家書，寫在一片帛布上，繫在雁足，竟然被在皇家林苑上林苑中打獵的皇帝給收到了。漢朝的使節再次出使匈奴時，告訴單于這件事，並說知道蘇武還活著。這話讓單于大吃一驚，多年來蘇武的死訊不攻自破。單于只好放蘇武回漢。結束十九年的牧羊生活，蘇武終於回國，蘇武的頭髮全白，而隨他出使的團員，死的死、降的降，只剩下九位與他一起歸國。那時已是漢昭帝在位。蘇武活到八十三歲，於漢宣帝神爵二年去世。

若不是那隻足上繫著帛書的雁，救了蘇武，他可能就客死異邦了。此野雁，並非蘇武所飼養，卻能與他心曲相通，為他守住大節的忠義所感動，為他萬里寄書，真奇緣也！或許他們結緣已不只這一世呢！

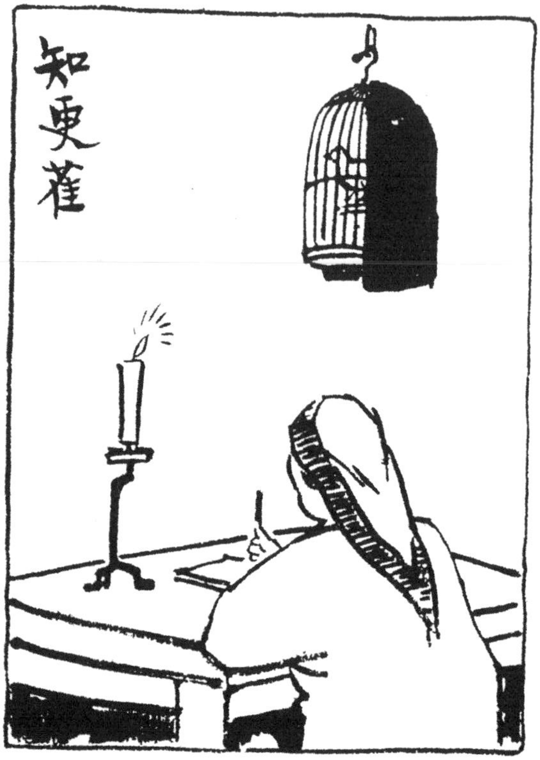

知更雀

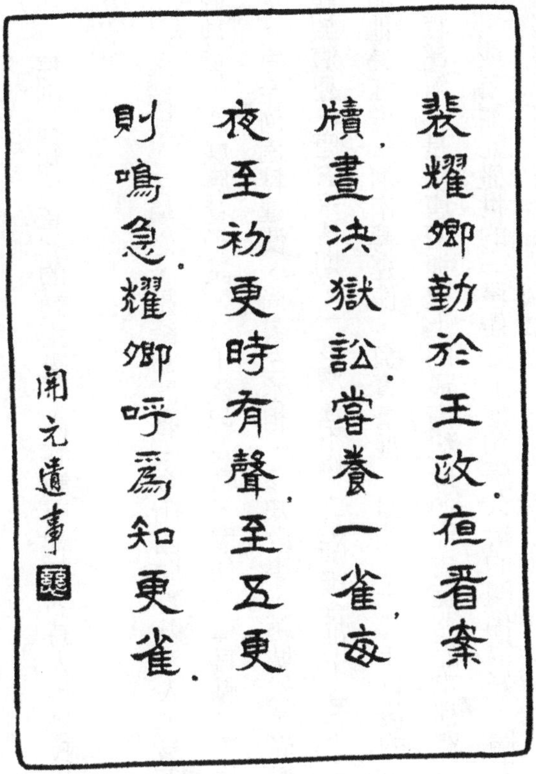
裴耀卿勤於王政．夜看案
牘．晝決獄訟．嘗養一雀，每
夜至初更時有聲，至五更
則鳴急．耀卿呼為知更雀．
開元遺事

裴耀卿勤於王政。夜看案牘，晝決獄訟。
嘗養一雀，每夜至初更時有聲，至五更則
鳴急。耀卿呼為知更雀。

開元遺事

／知更雀

這則〈知更雀〉的護生畫，內容說唐朝著名詩人也是政治家裴耀卿和他所飼養的一隻鳥的故事。

裴耀卿，字煥之，是絳州聞喜（今山西聞喜縣）人，為寧州刺史裴守真的次子，自小是個神童，八歲應童子試。二十歲起為官，歷任各種官職。還隨信安王李禕討伐契丹，遷京兆尹，官至河南轉運使、尚書左丞相、參知政事、趙城侯、尚書右僕射等。耀卿的主要功績是整頓漕運。唐玄宗後期，一度漕運不暢，京師糧食供不應求。玄宗聽從耀卿整頓漕運的建議，命他為江淮、河南轉運使，負責漕運。自開元十二年以後的三年中，運往關中長發的租米達七百萬斛，是隋唐漕運史上的最高紀錄，節省陸路雇車運費三十萬緡。裴耀卿成功地整頓漕運，成為開元盛世的一段佳話。他和張久齡的關係很好。開元二十五年跟張九齡一起被李林甫陷害，被玄宗免除宰相職務，但沒跟張九齡一起被貶，繼續居高位，天寶二年，年六十三卒，諡曰文獻。

從上述裴耀卿的生平來看，他是一位好官。平日繁忙的公事之餘，他養了一隻「知更鳥」。

知更鳥，是一種美麗活潑的小鳥，其胸前羽毛是紅色的，別名紅胸鴝。知更鳥因為有多彩的羽毛和婉轉的歌聲而受到人們的喜愛。知更鳥的英文俗名為"Robin"，有人翻譯成「知更鳥」意指此鳥知道時間的更替。

故事中的主角裴耀卿，位居高官，日理萬機；日間，他在「威武！威武！」聲中，升堂辦案，判決獄訟；夜間，也沒得休息，在燈下案牘勞形地批閱公文。他所飼養的那隻鳥兒，就高懸於書齋的案牘一旁。

裴耀卿每夜加班，注意力全在公文上，根本忘了時間；但每到初更時分，鳥籠裡那隻愛鳥，就會發出聲音，彷彿提醒他，時候不早了，該休息了，明天還要上班呢！每聽到鳥聲，裴耀卿心中有感，總會抬頭看牠一下，但卻又低頭繼續工作。夜深人靜，只聽到他翻閱牘文及批閱公文的聲音；過不多時，愛鳥開始急切地鳴啼，接著裴耀卿就聽到更鼓響起，哇！時間過得真快，怎麼已是五更天了！

謝謝這隻貼心的愛鳥再次提醒他天就要亮了！

裴耀卿疼惜這隻夜裡總是陪伴著他的鳥兒，也謝謝牠總是在為他報時，所以暱稱牠為「知更雀」。故裴耀卿的知更鳥，並非一般我們認識的名叫知更鳥的鳥類，而是他心目中的「知更雀」。

鳥類有靈，有智，又美麗如精靈，真是叫人疼愛呢！

鹿示人參

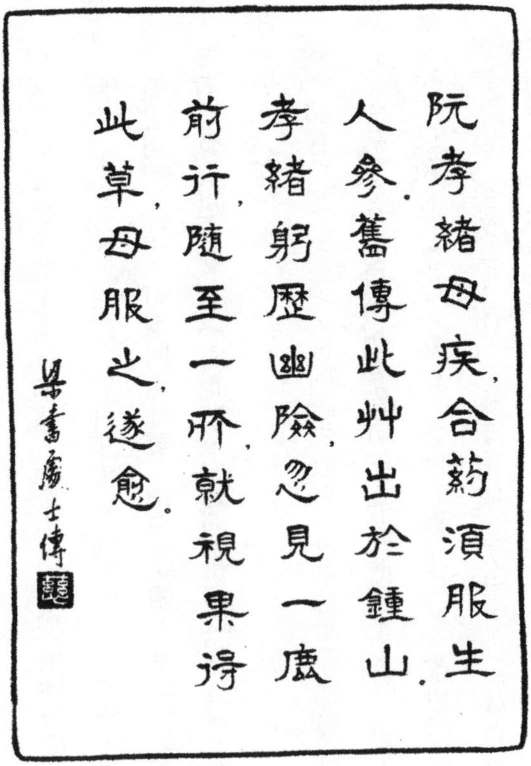
阮孝緒母疾，合葯須服生
人參。舊傳此艸出於鍾山。
孝緒躬歷幽險，忽見一鹿
前行，隨至一所，就視果得
此草，母服之，遂愈。
梁書處士傳

阮孝緒母疾，合藥須服生人參。舊傳此草出於鍾山。孝緒躬歷幽險，忽見一鹿前行，隨至一所，就視果得此草，母服之，遂愈。

梁書　處士傳

／鹿示人參

這則護生故事中的主角阮孝緒，字士宗，南朝梁陳留尉氏（河南尉氏）人，是一位目錄學家。阮孝緒的父親阮彥之，官拜宋太尉從事中郎。孝緒七歲時過繼給堂伯父阮胤之，事親至孝。胤之母周氏卒，有遺財百餘萬，應歸孝緒，孝緒一無所納，盡以歸胤之姊琅邪王晏之母，聞者咸歎異之。著有《七錄》，記錄圖書六二八八種、四四五二六卷。卒於梁武帝大同二年（五三六年）。

阮孝緒嘗於鍾山聽講，這則護生故事，就是發生在那段時間的真實事蹟。他在鍾山期間，母親在家生病了。他的兄弟想要告訴他，並叫他回家。阮母說：「孝緒至性冥通，必當自到。」果然孝緒和母親心有靈犀一點通，忽然心驚而返家，鄰里嗟異之。

孝緒延醫為母治病，所合藥物中須服生人參。從前就有傳聞說人參草為鍾山所出，孝緒是出名的孝子，立即趕往鍾山尋找野人參。他在深山林內，山路崎嶇，林木森森，蟲鳴獸吼，危機四伏，他一心尋藥，不顧危險，經歷許多險阻，但是仍沒找到人參。

孝緒心中正自焦急萬分，忽然見到前面有一隻鹿在看著他，鹿的眼神彷彿在告訴他說，你跟我來吧，我知道人參草在哪。孝緒感應到了鹿的思想，於是亦步亦趨地跟著鹿走。果然找到野人參，拿回家煎藥給母親服用，母病終能痊癒。當時的人都說是孝緒的孝心感動天，而賜他野參。

阮孝緒是個很特別的人，他飽讀詩書，是位才子，卻想當隱士。十五歲時就對父親說要隱居修道，不想被俗世所牽累。自此之後，他除晨昏定省之外，均獨居一室。皇帝下詔他也不肯出來任官，孝緒的姊姊是鄱陽忠烈王妃，他也不與之往來。孝緒致力於搜集宋、齊以來所藏圖書的目錄及遺文隱記，將四萬餘卷圖書分為七個部類撰成《七錄》，並著《高隱傳》、《削繁》等書共一百八十一卷傳世。

這位奇人異士，晚年時只吃果菜蔬食，不飲酒。相傳他供養禮拜的石像有所損壞，他恭敬禮拜，隔天石像自動復原，令人稱奇。

大同二年，孝緒五十八歲去世。弟子門人表揚其生前的功德，尊稱號為「文貞處士」。

群鼠應聲

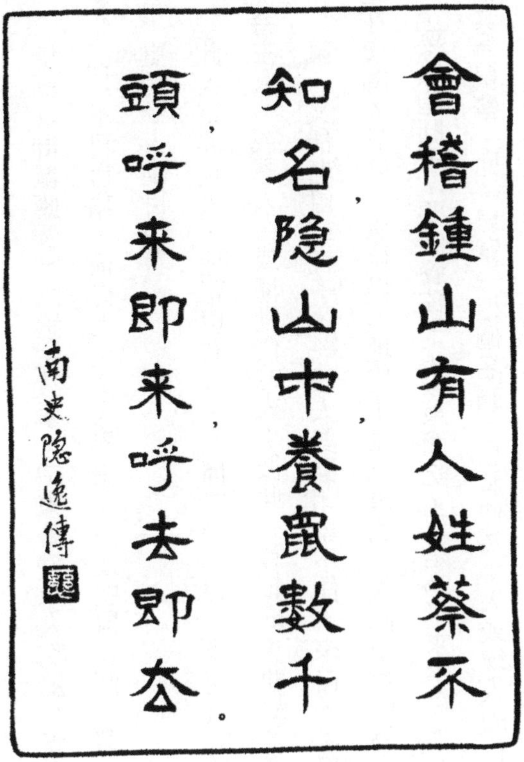
會稽鍾山有人姓蔡不
知名，隱山中養鼠數千
頭，呼来即来，呼去即去。
南史隱逸傳

會稽鍾山有人姓蔡，不知名，隱山中養鼠數千頭，呼來即來，呼去即去。

南史　隱逸傳

／群鼠應聲

這則〈群鼠應聲〉的護生故事，讀來著實令人吃驚。養了數千隻野生山鼠的人，他的慈悲心已是不可言喻，稱得上是奇人異士；而這些鼠友們，還能聽命於他，呼來即來，呼去即去，更是令人刮目相看。

此人定非凡人，他跟鼠有緣，能懂鼠的心聲，能說鼠的語言，也愛鼠如命，鼠友們亦視他為主人，或恩人，或懂牠們的人；彼此心意相通，訊息交流，成為知音。

鼠，又稱老鼠或耗子，一般人對鼠印象不佳，來自於家鼠給人的印象。家中的老鼠，總是在夜闌人靜時，偷偷摸摸地出來偷吃東西，人們視牠們為小偷。但牠是有情眾生，有血有肉，要填飽肚子，要餵養孩子，偷東西吃，只是為了求生存。只是偷到人類頭上，讓人不高興，稱其為鼠輩。而「鼠輩」這個名詞，也延伸為小人或壞人的代名詞。鼠群過多時在田間為患，每年吃掉的糧食多達數千億斤，還會破壞草原，傳染疾病，所以鼠是「四害」之一。老鼠因偷吃、啃壞東西而惡名昭彰，「老鼠過街，人人喊打」。鼠字組成的詞語也多含貶義，如「鼠目寸光」、「鼠竄狼奔」、「鼠肝蟲臂」、「鼠牙雀角」、「鼠竊狗盜」等等。

其實，鼠以其聰明才智在中國傳統的十二生肖中排名第一；也在中國古代曆法的「十二地支」中獨占排頭。可見鼠是極不簡單的生物，全球約有二八〇個屬，以及至少一三〇〇個種。鼠的族群龐大，繁衍迅速，數量驚人，牠們是少數與人類關係密切而繁盛的動物類群之一。人們對鼠又愛又恨，鼠對人類的實驗與研究有很大的幫助，某些可愛鼠類也成為寵物鼠。

鼠一直難脫千古罵名，但牠的靈性、聰慧和神祕，也贏得人類的崇拜。人們認為鼠的非凡靈性，代表著天和鬼神的意志。鼠文化，將鼠的可愛和神祕神格化了。

這則故事中的主角，能在山中養鼠數千隻，且對他一呼百諾；這人，也不是簡單人物。對讀者來說，或許讀過這篇〈群鼠應聲〉的護生漫畫之後，對鼠輩們的看法也會改觀，可以見到鼠的機靈可愛和對人類的貢獻。

群鳥助葬

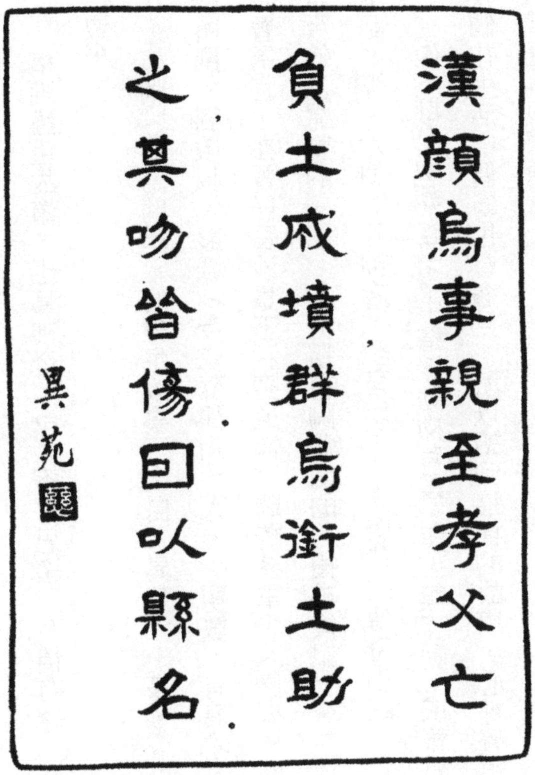
漢顏烏事親至孝父亡
負土成墳，群烏銜土助
之，其吻皆傷。因以縣名。
異苑

漢顏烏，事親至孝。父亡，負土成墳，群烏銜土助之，其吻皆傷。因以縣名。

異苑

／群烏助葬

這則護生故事，也真神奇，令人不可思議。有情有識、有情有義、有靈有性，這就是有情眾生。

這則〈群烏助葬〉的護生故事，出自《異苑》一書。《異苑》共有十卷，為南朝宋劉敬叔所撰。劉敬叔，彭城（今江蘇徐州）人。少穎敏，有異才。在東晉安帝及宋文帝、宋明帝時曾為官，亦曾任長沙景王（劉道憐）驃騎參軍。《異苑》屬古籍中的志怪小說類，為留存至今較為完整的一部。其他還有陶淵明的《搜神後記》、王嘉的《拾遺記》、吳均的《續奇諧記》等。六朝的鬼神志，孕育出了後來唐代的傳奇小說。

像〈群烏助葬〉故事中這樣動物有靈，與人類互動，或報恩，或報仇的事，不是靈異事件，我們在生活中偶爾也會遇見。所以讀到這樣的故事，心裡覺得溫暖。這種親愛，友善和慈悲的感覺，很療癒。

此故事發生在漢朝，有一個叫顏烏的人，是一位孝子。他的父親不幸去世，顏烏含悲忍淚埋葬父親遺體。顏烏親自動手挖地築墳，他可能一邊工作，一邊悲傷地哭泣，時而停下來，想到父親生前種種、對父親的愛和孺慕之情，禁不住嚎啕大哭。

如此的悲傷氛圍，深深撼動了在林子裡棲息的烏鴉。烏鴉中有一種叫慈烏的，是一種知孝順，能反哺的鳥類。烏鴉們見顏烏悲痛至此，非常不忍，於是呼朋引伴群集一起，飛來幫助這位孝子。

烏鴉們用嘴喙去搬運土塊助葬，鳥喙都受傷了。顏烏本來不叫這個名字，慈烏助葬令他感動，後來他才將自己的名字改為顏烏。孝子和慈烏的感人事蹟，也讓當地地名改為「烏傷縣」，即為現在浙江已有二千多年歷史的義烏古城，現為著名的小商品市場。

當年，群烏助葬的故事有三個版本，此為其一。學者研究後認為，「群烏助葬」比較符合大眾的傳統心理。

現今保存在北京故宮博物院新莽時期銅鑄的「烏傷空丞印」，歷史學者認為即是留存至今見證烏傷文明的最重要實物證據，也是這個地區最早的文字形象。

燕集几案

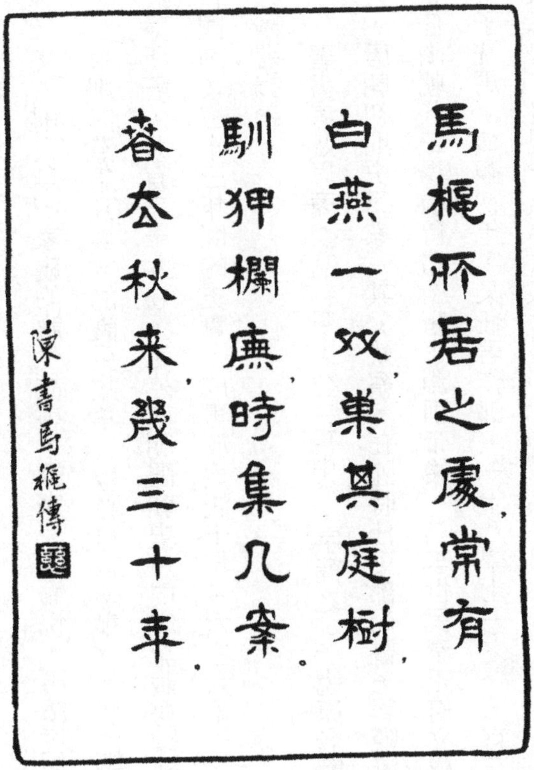
馬樞所居之處，常有
白燕一雙，巢其庭樹，
馴狎欄廡，時集几案。
春去秋來，幾三十年。
陳書馬樞傳

馬樞所居之處，常有白燕一雙，巢其庭樹，馴狎欄廡，時集几案。春去秋來，幾三十年。

陳書　馬樞傳

／燕集几案

又一則人鳥一家親的護生故事，讀來令人愉悅，再讀更增如沐春風的感受。

這則〈燕集几案〉的護生故事，取材自《陳書》。此部古籍是紀傳體史書，為唐朝人姚思廉所著，共有三十六卷，記述南朝陳朝史。內容記載自陳武帝陳霸先即位至陳後主陳叔寶亡國前後三十三年間的史實，成書於貞觀十年（六三六年）。遍載詔書和詩賦文章，史事則多隱惡揚善。

著書者姚思廉（五五七—六三七年），字簡之，一說原名簡，字思廉，吳興（今浙江湖州）人，唐朝初期史學家。其父姚察，在陳時任吏部尚書，著陳梁二史，未成。他自幼習史，後曾任隋朝代王楊侑侍讀。唐李淵稱帝後，為李世民秦王府文學館學士。自玄武門之變，進任太子洗馬。貞觀初年，又任著作郎，「十八學士」之一。官至散騎常侍，受命與魏徵同修梁陳二史。貞觀十年（六三六年），成《梁書》（五十卷）、《陳書》（三十卷），為二十四史之一。又著有《文思博要》，已佚。

此故事是姚思廉收集在《陳書》〈馬樞傳〉中的故事。講述的是馬樞與一對野生白燕情如家人的事蹟。馬樞居所外，是一座庭園，園中花木扶疏，有一對白色燕子在園中一棵樹上築巢定居。這對美麗可愛的白燕，每天都在園中以及屋子和圍欄間鳴叫飛翔嬉戲，也時常飛進屋中，停在馬樞讀書寫字的桌上，彷彿他的好朋友般，陪著他。人鳥之間建立了彌篤的感情，白燕天天來陪他讀書，春去秋來容易過，一晃就是三十年。這樣的感情，簡直就像永不變心的愛人般，那種愛，是一心一意的，自然湧現的。真是彌足珍貴啊！

馬樞何以有如此魅力呢？來看看他是何許人也。馬樞（五二二—五八一年），字要理，扶風郿人。祖父馬靈慶，南朝齊時擔任竟陵王錄事參軍。馬樞生於梁武帝普通三年（五二二年），小時候父母俱喪，為其姑所養。博極經史，尤精於佛經。梁武帝第六子邵陵王蕭綸召為學士，講授《維摩經》、《老子》、《周易》。侯景之亂爆發，邵陵王率兵馳援，留下兩萬卷書給馬樞，隱居於茅山。天嘉元年（五六〇年），陳文帝征為度支尚書，辭不赴任。晚年能黑暗中視物。卒於陳宣帝太建十三年（五八一年）。撰《道學傳》二十卷。從以上資料中看來，馬樞是奇人，有佛心，有奇事降臨在他身上，就不稀奇了。

馬救主（一）

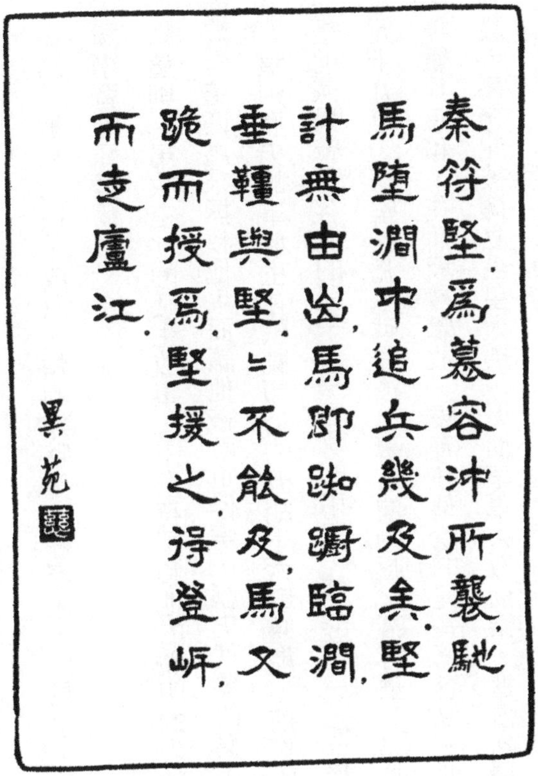

秦苻堅，為慕容沖所襲，馳馬墮澗中，追兵幾及矣。堅計無由出，馬即踟躕臨澗，垂韁與堅。堅不能及，馬又跪而授焉。堅援之，得登岸，而走廬江。

異苑

／馬救主（一）

馬，被馴化後，成為人類的好夥伴、好家人、好幫手；馬的忠和義，馬的機智，也常是人類學習的好榜樣。

這則〈馬救主〉的護生故事，主角苻堅和他的聰明的坐騎馬，創造了歷史；當年，苻堅若沒有這匹馬來拯救他，而讓他被敵軍俘虜，歷史就要改寫了。

這則歷史故事發生在戰亂頻仍的五胡十六國時期，前秦的君主苻堅，吞併了前燕。慕容沖是前燕景帝慕容儁的兒子，慕容泓的弟弟，前燕滅亡，他被苻堅收入宮中，後任平陽太守。建元十九年，苻堅在淝水戰敗後，慕容沖的叔父慕容垂、兄長慕容泓先後起兵反秦，他也在平陽舉兵應和，在蒲坂被擊敗，投奔在華陰的兄長慕容泓。北燕建立不久，慕容泓被高蓋等刺殺，慕容沖被擁立爲皇太弟，繼而率軍大敗前秦，進占阿房宮，三八五年一月稱帝，改年號爲更始。慕容沖在位二年，在兵變中被刺殺。

苻堅與慕容沖之間，有許多恩怨情仇，包括滅其國家以及將他和姊姊清河公主接入宮中，他自己備受性騷擾而不敢反抗，使他深受侮辱。這是一段不堪回首的錯亂關係。慕容沖隨兄長慕容泓起兵叛變，以及後來攻入長安，苻堅戰敗而逃。這則故事就是在那段時間所發生的。

當時苻堅騎著一匹戰馬在逃，後面慕容沖的軍隊緊追在後，眼看就要追上了，苻堅策馬過一條山澗時，不小心從馬上跌落；山澗還滿深的，他怎麼努力也爬不出來；這時他的那匹馬，在山澗邊不安地走來走去，想辦法要救主人。馬此時就地取材地咬住韁繩，並將繩索垂到山澗中，要讓主人抓住繩子上岸來。但是繩子不夠長，苻堅捉不到。這時馬又一次急中生智，牠跪下來，貼近地面，再垂下韁繩，繩子長了，主人緊握住繩子，被牠用力拉上岸來。登岸後苻堅即刻策馬逃往盧江。

一匹久經沙場的戰馬，其聰明才智和對戰情的研判，有時不輸給人呢。若不是這匹戰馬及時救了苻堅，苻堅可能被俘或被殺，那這段歷史就得改寫，其蝴蝶效應可能也會改變五胡十六國甚至整個中國歷史呢！

馬救主（二）

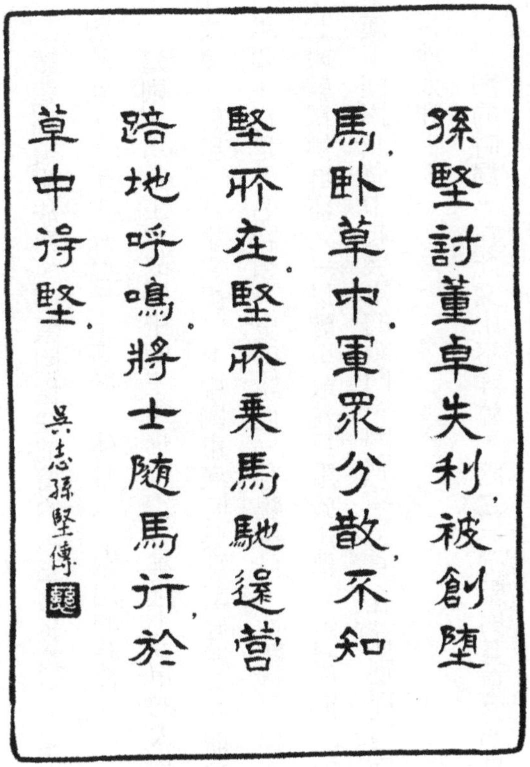
孫堅討董卓失利，被創墮
馬，臥草中，軍眾分散，不知
堅所在。堅所乘馬馳還營
踣地呼鳴。將士隨馬行，於
草中得堅。
吳志孫堅傳

孫堅討董卓失利，被創墮馬，臥草中。軍眾分散，不知堅所在。堅所乘馬馳還營踣地呼鳴。將士隨馬行，於草中得堅。

吳志　孫堅傳

／馬救主（二）

讀這幅護生故事，不禁回憶從前讀的《三國演義》，多少英雄豪傑，一一回到腦海中。三國時期，可是中國歷史上爭戰不休且人才輩出的時代。

這則〈馬救主〉故事中的主角孫堅，可是位不簡單的人物。孫堅（一五五—一九一年），字文臺，綽號「江東之虎」。中國東漢時吳郡富春縣（今浙江杭州富陽）人，是東漢末期地方軍閥，也是著名將領。史書說他「容貌不見，性闊達，好奇節」。《三國志》記載，孫堅十七歲就單挑群盜，「以驟勇敢為見重於州郡」，歷任郡縣的校尉、縣丞。一八四年，加入東漢王朝撲滅黃巾起義軍的戰鬥，因戰功卓著，升任別部司馬，又升任朝廷議郎。一八七年，任長沙太守……。

三國的時局，在此文中不詳述，總之，孫堅與董卓之間是很不對盤的；孫堅在一八五年就主張殺董卓，並非一九〇年關東州郡起兵討伐董卓時才攻擊董卓。

一八九年，漢靈帝駕崩，董卓專權，在京城橫行跋扈，恣意妄為。孫堅聞知，拊膺長嘆：「如果當年張溫聽了我的話，朝廷哪會有這場浩劫！」天下諸多州郡，紛紛興兵討伐董卓。孫堅當然也參與其事。

孫堅雖然意氣風發，但並非每戰必勝，也有失利敗走的時候。有一次他戰敗，騎著馬奔逃，追兵在後緊追不捨，他在砍殺中亦受了傷，還從馬上摔了下來，跌落草叢中。當時他所率領的部隊也失散，沒有人知道他在哪裡，因此不知去何處尋他。

孫堅所騎的那匹戰馬，也是久經沙場的老將，見主人受傷落馬，躲在草叢中，牠雖心急，卻也急中生智，暫時丟下主人，自己跑回駐紮的軍營，撲倒在地，大聲嘶叫，似乎有話要說。將士們認出這是孫堅的坐騎，又見此馬獨自回到營區，主人公必是出事了。於是讓馬帶路，將士們跟隨著這匹馬，終於在草叢中找到孫堅，將他救回。

馬，真是有靈性的動物，也是重情重義的好夥伴。「馬救主」的故事，自古以來常有所聞；尤其是戰馬，救了主人，在不知不覺中，可能扭轉戰爭，改變歷史。所以，馬，是跟人類一起寫歷史的有情眾生。

犬救煤暈

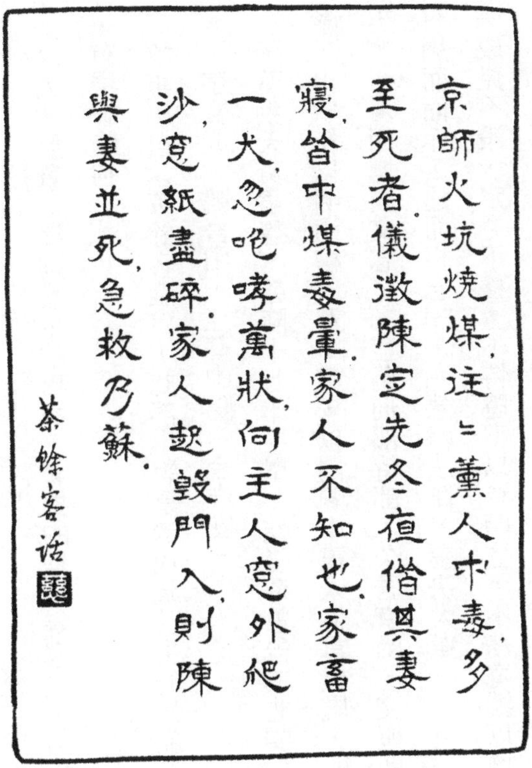
京師火坑燒煤往往薰人中毒多
至死者儀徵陳定先冬夜偕其妻
寢皆中煤毒暈家人不知也家畜
一犬忽咆哮萬狀向主人窗外爬
沙窗紙盡碎家人起毀門入則陳
與妻並死急救乃蘇
茶餘客話

京師火坑燒煤，往往薰人中毒，多至死者。儀徵陳定先冬夜偕其妻寢，皆中煤毒暈。家人不知也。家畜一犬，忽咆哮萬狀，向主人窗外爬沙，窗紙盡碎。家人起毀門入，則陳與妻並死，急救乃蘇。

茶餘客話

／犬救煤暈

〈犬救煤暈〉這則護生故事中，褒揚的是一隻家犬，這隻狗救了主人性命，是一隻有靈性，有機智的狗。

故事出自《茶餘客話》，此部小說是清代阮葵生的作品。阮葵生（一七二七—一七八九年），字寶成，號吾山，江蘇山陽（今淮安）人。

阮葵生天資早慧，乾隆十七年中舉。乾隆帝曾告誡他要「端士習、杜請託、拔真才」。乾隆二十六年以明通榜入選中書，以內閣中書入值軍機處，乾隆三十八年，入館編纂《西域圖志》、《西域同文志》，官至刑部侍郎，久居京師，交遊多天下名士，「耿直不面諛人，人有過而面斥，退而相忘」，「熟精法律，屢決大獄」，為「刑名總匯熟諳之員」，辦案主張「成見不設，定見不移，不恃聰察以矜明柱，不務寬縱以博虛譽」。乾隆帝二次在西苑召見他，對他說：「汝父儒臣，能文章，汝復長於政事，當益勉之！」因祀祭天壇墜馬受傷，乾隆帝聞之，特諭「此後乘轎勿騎馬」。乾隆五十四年卒，著作有《茶餘客話》、《七錄齋詩集》、《秋讞志略》。其中《茶餘客話》有三十卷，內容包括政治、歷史、地理等。

從上述簡介中可看出阮葵生是一位了不起的、有品德的高官。他在此部小說中所言是可信的。

故事中說，住在京城裡的人家，到了嚴寒的冬天，為了保暖會在火坑起火，居民們用的燃料都是煤。家中如果通風不良的話，往往會被燒煤所產生的毒素所薰，因而中毒、死亡的事常有所聞。

江蘇儀徵這個地方，有一位名叫陳定先的人士，他和妻子客居京城，也跟京城的居民一樣在坑中燃煤來取暖。有一晚，他和妻子睡在溫暖的坑上，睡著了以後，由於空氣不夠流通，不知不覺被燒煤產生的一氧化碳薰得暈了過去。他的家人睡在別的房間，都不知道陳氏夫妻中毒而導致生命危險。

還好，他們家中有養狗。狗的鼻子靈敏，半夜裡聞到了外洩的毒氣，於是跑到主人房間外不斷狂吠，那叫聲如此急切，聽起來就讓人驚覺鐵定是發生什麼意外了，好似要叫醒主人趕快逃命似的。但見主人夫婦都不起身，於是奮力趴在窗戶上，拚命地抓窗子，窗紙都被牠的爪子抓破、抓碎。主人夫妻還是沒醒來，附近的家人卻被吵醒了，於是破門而入，陳定先夫妻看去已氣絕。家人趕緊加以急救，幸好他們命大而獲救。

陳氏夫妻若不是養了這隻機靈的狗，早已一命嗚呼了。到了現代，密閉空間冬天一氧化碳中毒的案子也時有所聞，人們也該養隻狗，說不定哪天就成了「救命恩狗」喔！

燕助營巢

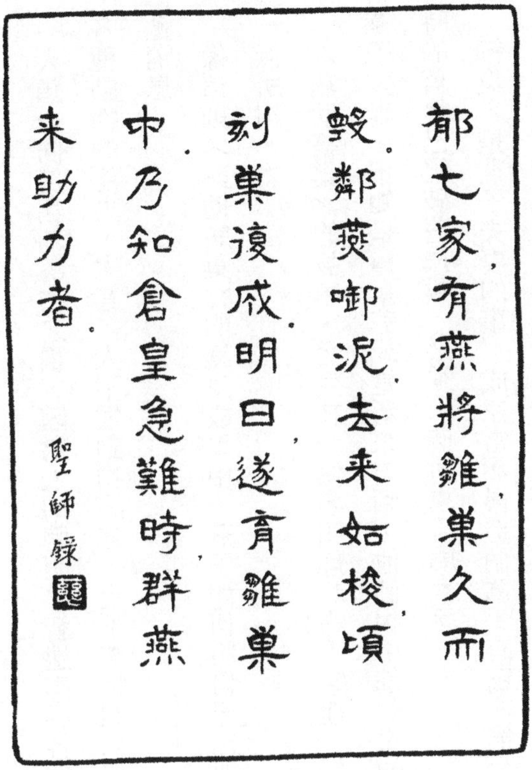
郁七家，有燕將雛，巢久而毀。鄰燕啣泥，去来如梭，頃刻巢復成。明日，遂育雛巢中。乃知倉皇急難時，群燕来助力者。
聖師録

郁七家，有燕將雛，巢久而毀。鄰燕啣泥，去來如梭，頃刻巢復成。明日，遂育雛巢中。乃知倉皇急難時，群燕來助力者。

聖師錄

／燕助營巢

人類一向自詡為萬物之靈，因為人的聰明才智遠高於各種有情眾生；其實，人類常低估了各種動物的能力，尤其，人不懂動物語言，更不知牠們如何在同類間，甚至在不同種類間傳遞消息。

像這則〈燕助築巢〉的護生故事中，燕子如何將自己需要幫助的信息傳送給朋友，人們就一無所知。

〈燕助築巢〉的故事，發生在一個名叫郁七的人家裡。郁七家的屋簷，有燕來築巢。這對燕子夫妻，不知是舊巢燕或是新來乍到，他們相中郁七家的屋簷，但是一飛到此地，發現昔時的舊巢已經破舊損毀，必須築個新巢才能安家。

築巢，是燕子夫妻的事，成家當然得造個窩，有窩才能生兒育女。一般的燕子夫妻都是自家去啣泥來築巢，但是郁七卻發現，來到他家的燕子，竟然與眾不同；他看見鄰居家的許多燕子，忽然群集且紛紛飛去啣來泥土，幫忙這對新來的燕子築巢。鄰燕們穿梭飛翔，啣來一口口的溼泥，很快就幫忙造好一個燕窩。

真稀奇啊！郁七看著，覺得不可思議，不知到底發生了什麼事。

只見新來的燕子夫妻，安穩地住進了鄰居為牠們打造的新居，恩恩愛愛地輕聲燕語呢喃著。到了第二天，答案終於揭曉了。

燕子太太下蛋了！郁七終於明白是怎麼回事了！原來燕子太太即將臨盆，夫妻倆來不及造房子，所以向鄰居們求援；鄰居們收到訊息，立即展開行動，你一口我一口地啣來溼泥，以最快速度將燕子夫妻的新家蓋好，以解燃眉之急。

太了不起了，郁七讚歎著，還真是佩服得五體投地。這燕子的社會，也跟人類社會一樣，鄰居間會互相幫助，解決困難。原來不是萬物之靈的人類才會守望相助呢！

郁七對來自己屋簷下築巢的家燕，以及鄰居屋簷下的燕子，起了一份尊敬的心，從此對牠們另眼看待。

畫眉警盜

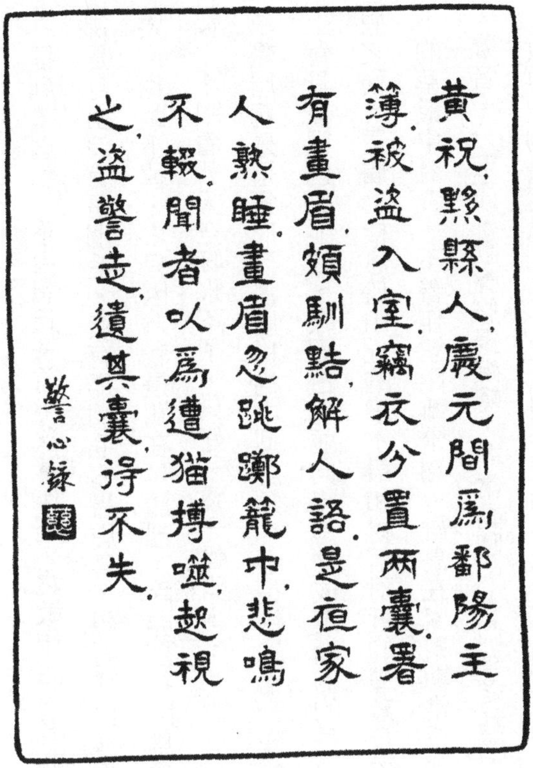
黃祝黟縣人慶元間爲鄱陽主
簿被盜入室竊衣分置兩囊署
有畫眉頗馴黠解人語是夜家
人熟睡畫眉忽跳躑籠中悲鳴
不輟聞者以爲遭貓搏噬起視
之盜驚走遺其囊得不失
警心錄

黃祝，黟縣人，慶元間為鄱陽主簿。被盜入室，竊衣分置兩囊。署有畫眉，頗馴黠，解人語。是夜家人熟睡。畫眉忽跳躑籠中，悲鳴不輟。聞者以為遭貓搏噬，起視之，盜驚走，遺其囊，得不失。

警心錄

／畫眉警盜

提到畫眉鳥，不由想起一首由狄薏作詞、姚敏作曲的老歌：「我是一隻畫眉鳥呀畫眉鳥，彷彿是身上沒有長羽毛。沒有那羽毛的畫眉鳥，想要飛也飛不了……缺少那兩隻腳畫眉鳥，想要跑也跑不掉……只因為我是關在鳥籠裡，除非是打開鳥籠才能跑……關在那鳥籠多呀多苦惱……眼看著天空呀飛不了，只好一聲一聲叫……」。

畫眉鳥是是雀形目畫眉科的中型鳥類，全長約二十三公分。羽毛大部分為棕褐色。頭頂至上背具黑褐色的縱紋，眼圈白色並向後延伸成清晰的的長紋，極為醒目，狀如眉紋，故有畫眉之稱。畫眉鳥棲息於山丘的灌木叢和村落附近的灌叢及竹林中，生性機敏而膽怯，常在林下的草叢中覓食，不善作遠距離飛翔。雄鳥在繁殖期常單獨藏匿在雜草及樹枝間，極善鳴囀，聲音十分宏亮，歌聲悠揚婉轉，非常動聽，人們喜愛其鳴叫聲，所以成為有名的籠中鳥。

故事中的畫眉鳥，是一位名叫黃祝的官爺所飼養的。黃祝，是安徽黟縣人。在宋朝慶元年間，任鄱陽主簿一職。有一天，他的官邸被盜賊入侵；這賊匪在屋中翻箱倒櫃，偷取貴重衣物；還將衣物分裝在兩個袋子裡，又顧慮到大白天拿不出去，會被人發現，他想夜裡再來取贓物，所以把兩袋衣物藏起來。

夜深人靜之時，盜匪再次偷偷潛入黃祝的官邸中，想要偷走白天打包好的贓物。他原以為猶如探囊取物般的簡單，因為白天來過，一切順利。沒想到，夜裡再來，竟然失手，更意想不到的是竟然敗在一隻畫眉鳥的嘴上。

原來，黃祝的官邸裡養了一隻畫眉鳥，性情溫馴，非常慧黠伶俐，又有語言天才，能解人語，官邸裡人人視畫眉鳥如家人般地疼愛牠。那晚，全家都熟睡了，只有畫眉鳥還醒著，牠聽到有人進屋，心知是宵小潛入，見他鬼鬼祟祟地扛著兩袋東西，分明是小偷，於是在籠子裡跳來跳去，故意弄出聲響，還不斷發出悲鳴聲，似乎是在大叫：「不好了！不好了！小偷來了！小偷來了！」

畫眉鳥的叫聲向來都非常悅耳，這回家人聽到與平時不同的叫聲，彷彿是鳥類被貓撲殺時所發出的悲鳴聲，所以紛紛披著衣服趕過來瞧個究竟。

那位盜匪聽到畫眉鳥大叫，已經嚇得魂不附體，又聽到官邸裡的人聲，二話不說趕緊走人，連辛苦偷來的兩袋衣物都顧不得拿走，黃祝官邸差點失去衣物又物歸原主。

會看家的畫眉鳥，真厲害！不輸給狗兒呢！怎不叫人疼愛！

象感出槎

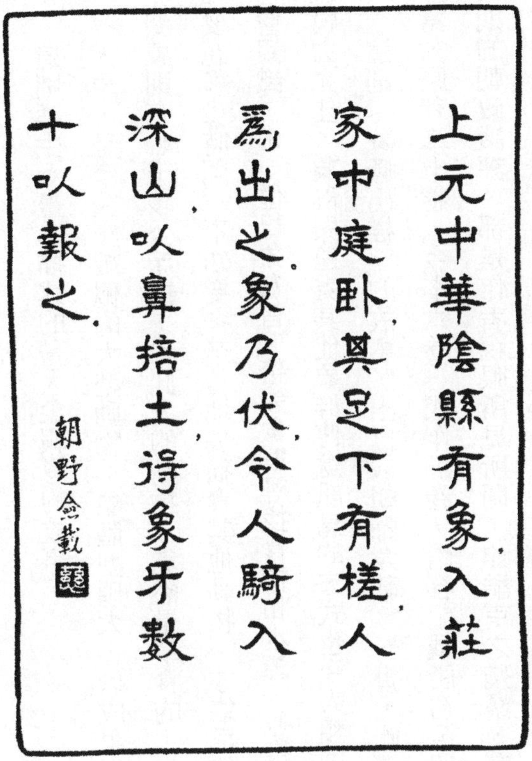
上元中華陰縣有象，入莊
家中庭卧，其足下有槎，人
爲出之。象乃伏，令人騎入
深山，以鼻掊土，得象牙數
十以報之。
朝野僉載

上元中華陰縣有象，入莊家中庭臥，其足下有槎。人為出之。象乃伏，令人騎入深山，以鼻掊土，得象牙數十以報之。

朝野僉載

／象感出槎

這則護生漫畫，描述的是大象報恩的故事。

大象，是令人類敬佩的大型動物；象體型碩大，以成象來說，亞洲象約有五千公斤重，非洲象則有七千多公斤重；如此大的動物，竟然是草食的，真是阿彌陀佛，否則牠們每天不知要花多少時間，不知要多辛苦地去獵食其他動物，才能填飽肚子呢！更可敬的是，大象的社會組織，由一位母象為首，帶領象群尋找食物和水源，並帶領象群遷徙求生。象的智慧高，記憶力尤佳，象群與遠處其他象群傳遞訊息的方式也令人類感到不可思議。

這則〈象感出槎〉的故事，出自《朝野僉載》一書，此書為筆記小說集，為唐代張鷟所撰寫，原有二十卷，今本六卷，或作三卷。內容記載唐初至開元年間朝野佚聞，尤多武則天時期的朝政譏評，都是作者親眼所見所聞，如酷吏之殘暴，有些被《資治通鑑》和《太平廣記》所取材。其中亦多怪誕不經的傳說。作者張鷟，字文成，號浮休子，史稱「青錢學士」，深州陸澤（今河北深縣）人。以詞章知名，下筆神速，當時連暹羅、日本等國也頗聞其名。留存的著述除了此書外，尚有《龍筋鳳髓判》。

書中記載這則大象報恩的故事，發生在唐高宗上元年間，當時陝西華陰縣某戶農家，過著平靜的生活。但是有一天，跟平時不一樣了，家中忽然發生了一件奇事，讓那天變成很特別。這不一樣的一天，不知道從哪裡來了一頭大象，就這樣毫無預警地走進這戶農家的院子裡，走到中庭，然後倒臥在地上。這種稀奇事，當然驚動了全家人，紛紛圍過來一探究竟。原來大象的腳底下，被木刺給扎到了，這根刺深深扎進大象的腳底板，可以想見牠每走一步都痛徹心扉。這種痛苦，大象自己無法解決，所以不得已只好忍痛從森林中走出來，找人類幫忙。

這戶農家的人發現了大象的困境，見大象溫馴地躺在地上，於是勇敢地走上前去，將牠腳底的木刺拔了出來。就這麼輕輕一拔，大象的痛苦結束了。

大象為了感恩這位農夫為牠解除痛苦，於是跪伏在地上，要農夫爬到牠背上去，彷彿要帶恩人去哪裡。農夫順著大象的指示，騎上象背，任大象帶他走進深山裡去。大象走到山中某個地方後，將農夫放下；然後用自己的鼻子撥開泥土，挖出幾十隻象牙送給他，報答農夫為牠拔刺的恩情。

一頭知恩圖報的大象，一位慈悲的農夫，共同成就了這個感人肺腑的故事。

虎感拔刺

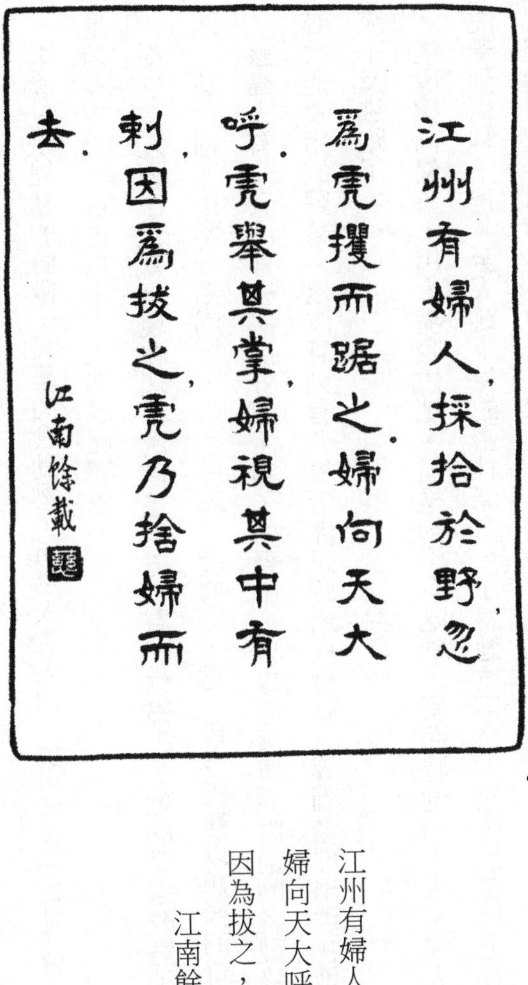
江州有婦人，採拾於野，忽
爲虎攫而踞之。婦向天大
呼，虎舉其掌，婦視其中有
刺，因爲拔之，虎乃捨婦而
去。
江南餘載

江州有婦人，採拾於野，忽為虎攫而踞之。婦向天大呼。虎舉其掌，婦視其中有刺，因為拔之，虎乃捨婦而去。

江南餘載

／虎感拔刺

老虎，是兇猛的野獸，又是肉食動物，所以人見人怕，萬一不幸在野外遇上飢餓的老虎，總是凶多吉少，自古以來人人都談虎變色。

從前在江州，也就是現在江西南昌這地方，有一位婦人，她的遭遇改變了人們對老虎的看法。這位婦人不幸被老虎擄了去，卻能全身而退，是一段令人難以想像的奇遇。

該婦人有一天出外去採拾野菜，到了郊野中，只專心著辨識眼前的各種綠色植物，在其中尋找能食用的野菜，沒注意到有一隻老虎正逐漸接近她。等到老虎出現在她面前時，她已經來不及逃跑了。

老虎撲向婦人，用大嘴咬住她，但是卻沒有吃她，反而將她叼了去。婦人在驚恐中，被老虎帶到樹林子裡，至人跡罕見的密林深處，才將她放下來，然後坐在地上盯著婦人看。婦人已經嚇得魂不附體，心想老虎就要開始吃她了，她驚慌害怕地大聲呼叫，希望有人能來救她，但深山中根本沒人聽見。

婦人見老虎的舉止，不像要撲過來吃她的樣子。而且，老虎竟然還舉起一隻腳，腳掌向著她，似乎要她看牠的腳。她驚魂未定，但是很自然地往老虎的腳掌看過去，發現虎掌上有一根刺。原來老虎在森林中踩到刺，刺深入腳掌中，自己拔不到，刺痛讓牠步履維艱，痛苦不堪，看見荒野中有人類出現，於是向人求助。

婦人明白了老虎的用意，心中雖然害怕，但是仍然靠過去，將那根刺拔了出來。老虎腳掌上的痛苦解除了之後，看了看婦人，似乎表達感謝之意，然後就轉身走了，一點也沒有要吃婦人的意思。婦人死裡逃生，才鬆了一口氣。

婦人為虎拔刺，已經是奇聞，又能撿回一命，更是異事；可見老虎是有思想、有感情，且知感恩的動物，虎性雖兇猛，卻重情義，沒有將救命恩人吃下肚。我們經常見到有關老虎的影片，當母虎在育子時，牠對孩子的溫柔和呵護，那種母愛也不輸給人類呢！

虎感去鯁

晉郭文晦跡潛脩遇虎張
口至前文手探虎喉中得
骨去之自是虎常馴擾左
右文出山虎必隨焉以書
策置其背上虎負而行
談薈

晉郭文，晦跡潛脩。遇虎張口至前。文手探虎喉中，得骨，去之，自是虎常馴擾左右。文出山，虎必隨焉。以書策置其背上，虎負而行。

談薈

／虎感去鯁

〈虎感去鯁〉的護生故事，出自古籍《玉芝堂談薈》一書，此書共三十六卷（浙江巡撫採進本），是明朝徐應秋所撰。徐應秋字君義，浙江西安人。萬曆丙辰進士，官至福建左布政使。此部書為考證之學，大抵採自小說，雜記者為多。

這個故事裡所發生的事，真是跌破人們的眼鏡，太令人驚奇和不可思議了。故事的主角是晉朝人，名叫郭文，他是一位在深山中潛心讀書修行的隱士。有一天，他照常在隱居處讀書作息，忽然眼前出現一隻老虎，這位心性沉穩寧靜的修行人，見到老虎這樣的猛獸，也難免驚慌；但是想逃也來不及了；在他面前的這隻老虎，並沒有張牙舞爪要吃他的樣子，反而對著他，張開自己的大嘴巴，好像嘴巴裡發生了什麼事一般。

郭文心想，這老虎原來是在向他求助的，老虎的神態，就是希望他將手伸進牠的嘴裡去探一探。既是如此，老虎應該不至於咬斷他的手，於是他大膽地將手伸進老虎的嘴裡，摸一摸，探一探，果真在老虎的喉嚨口發現一根骨頭，這骨頭插在喉嚨，一定讓老虎很痛苦，自己又拔不出來，只好向他這位住在深山中的鄰居求救。

郭文小心翼翼地拔出老虎喉嚨裡那根刺，從此老虎就成了他的好朋友了。這老虎真是一隻懂得報恩的好老虎。牠時常陪在郭文身邊，郭文走到哪，牠就跟到哪；甚至郭文下山去添購點東西或是訪友，老虎也亦步亦趨地跟隨著，一人一虎形影不離。郭文有時還會將書放在虎背上，讓老虎馱著走，好像老虎是他馴養的寵物一般。

這景象真是太稀奇了，老虎被人稱為大蟲，虎患是當時人們之大患，而此大蟲，竟如貓般地溫馴，當郭文跟老虎出現在街市中，剛開始人們一定紛紛走避，久了才見怪不怪，不過相信一定沒有人敢像對待貓一樣地去摸老虎的頭。

太精采了！知道感恩和報恩的老虎，比不知感恩又恩將仇報的人可愛多了，各位看官，您說是嗎？

犬母遺兔

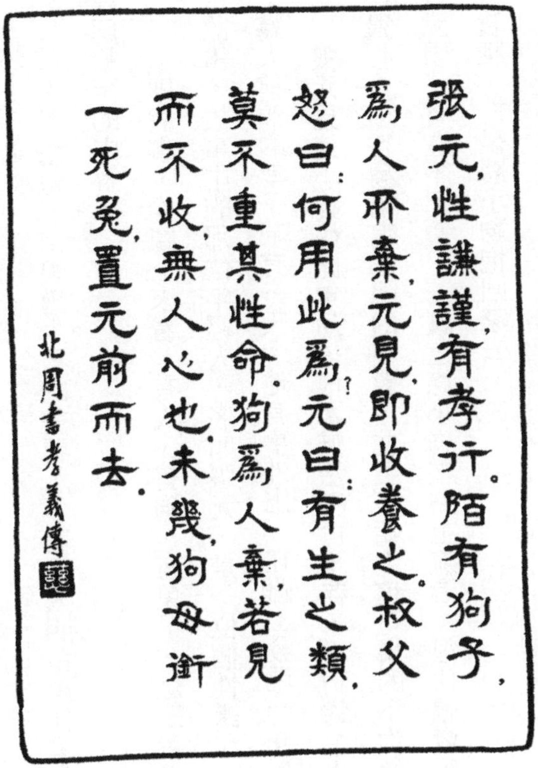
張元，性謙謹，有孝行。陌有狗子，
為人所棄，元見，即收養之。叔父
怒曰：何用此為？元曰：有生之類，
莫不重其性命。狗為人棄，若見
而不收，無人心也。未幾，狗母銜
一死兔，置元前而去。
北周書孝義傳

張元，性謙謹，有孝行。陌有狗子，為人所棄。元見，即收養之。叔父怒曰：「何用此為？」元曰：「有生之類，莫不重其性命。狗為人棄，若見而不收，無人心也。」未幾，狗母銜一死兔，置元前而去。

北周書　孝義傳

／犬母遺兔

〈犬母遺兔〉這幅護生畫的畫題，乍看不太明白是什麼意思，得把全篇題詞讀完，才能理解故事的內容。

這則故事，從圖上來看，有人、有狗、有兔子，這三者之間的關聯構成了一則感人的護生故事。故事中的那位年輕人，名叫張元，是一位個性謙和，為人恭謹的讀書人，他還是一位為人稱頌的孝子。有一天，他有事外出，在路上發現一隻被人遺棄的小狗。

張元見這小狗如此年幼，根本無法獨自生存，小狗的主人將牠丟棄，不管牠的死活，實在狠心！小狗發出嗚嗚嗚的叫聲，在哭著呢！這可憐的小狗找不到媽媽，肚子大概也餓了，張元看了實在不忍心，若讓這條小狗在路上流浪，很快就會餓死的，所以他慈悲心起，決定收養牠，於是將小狗抱回家去。

家裡多了隻狗，大家都還喜歡，但是不喜歡狗的叔父，生氣地說：「人家丟掉的狗，你收養來幹什麼？」張元恭敬有禮地告訴叔父說：「有生命的動物，是有情眾生，沒有不愛惜自己生命的，沒有不貪生怕死的。這隻小狗被主人棄養，是主人的不對，我遇見這隻小狗，算是有緣，這小狗沒人養會餓死的，我若見死不救，就是一個沒有仁心，也無德的人了。」

叔父聽他這麼說，也同意他的話，就不再多說什麼了。

過沒多久，忽然有一隻母狗出現在張元家，嘴裡銜著一隻兔子，放在張元面前。張元心想，這應該是小狗的母親，主人遺棄牠的孩子，牠非常傷心，偷偷地跟著主人，見到孩子被丟棄，也見到孩子有人收養，這隻狗媽媽懂得感恩，於是就去捕獵了一隻野兔，來報答恩人。

一個有愛心的年輕小夥子、一隻失去愛子的狗媽媽，以及一隻狗媽媽用來報恩的兔子，構成了這幅感人的護生故事。

鼠救縊婦

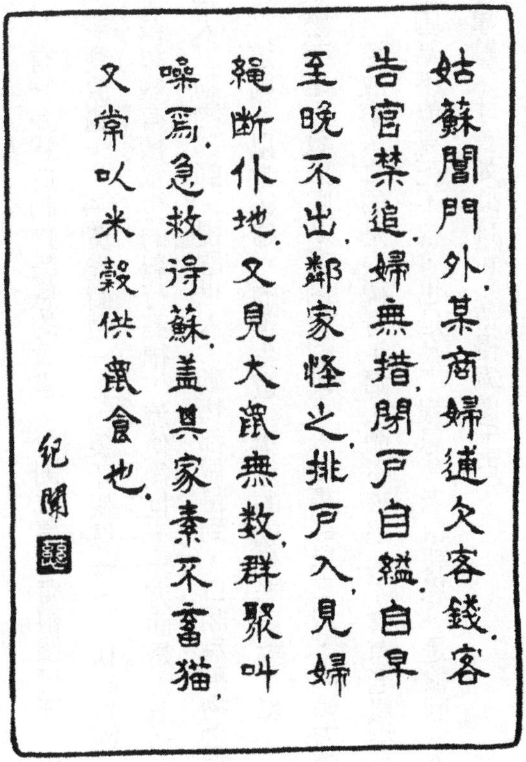
姑蘇閶門外．某商婦逋欠客錢．客
告官禁追．婦無措．閉戶自縊．自早
至晚不出．鄰家怪之．排戶入．見婦
繩斷仆地．又見大鼠無數．群聚叫
噪焉．急救得蘇．蓋其家素不畜貓．
又常以米穀供鼠食也．
紀聞

姑蘇閶門外，某商婦逋欠客錢。客告官禁追。婦無措，閉戶自縊。自早至晚不出。鄰家怪之，排戶入，見婦繩斷仆地。又見大鼠無數，群聚叫噪焉。急救得蘇。蓋其家素不畜貓，又常以米穀供鼠食也。

紀聞

／鼠救縊婦

有許多關於動物報恩的故事，每則故事都有根據可查，如「隋侯之珠」、「董昭救蟻」、「毛寶放龜」、「黃雀銜環」、「象牙報恩」、「猛獸致鹿」等等，都是相當感人的。古人記載這些有情眾生的義行懿德，流傳後世，一方面是因為這些事蹟感動人心，一方面也藉此讓人以動物為師，提醒世人，動物都做得到，自詡為萬物之靈的人類怎麼可以輸給動物呢！

這則〈鼠救縊婦〉的護生畫，講述的就是老鼠救了恩人一命的感人故事。老鼠這麼小，怎麼有能力救人呢？老鼠體型雖小，但集群鼠之力，團結力量就大，無事不可為。

這故事，真的是很稀奇，婦人命不該絕，才會有老鼠來救她；而這些老鼠為何會救她，是因為不能見死不救，也是為了報恩。老鼠報恩，是撿回一命的婦人萬萬想不到的事。所以這事蹟，才會如此稀奇，值得流傳千古。

畫裡頭的這位婦人，居住在姑蘇城的閶門外，平時做點小生意，日子過得不是很富裕，所以欠了一些錢無力償還。債主將她告進官衙，怕她躲債而逃，還限制她的行動，不准她出城去。

這位可憐的婦人，無處可去，又無計可施，於是動了輕生的念頭。她用繩子在家中自縊。

鄰居很關心她，見她從早到晚都關起門來，足不出戶，覺得很不尋常，怕她想不開，而發生什麼意外，於是撞開她家的門，進屋去查看。

果然見到婦人跌倒趴在地上，脖子上還套著一條斷掉的繩索，唉呀！不好了，婦人自殺了！鄰人又見到婦人四周有好多大老鼠圍著，不斷吱吱大叫著，好像在對鄰人述說著什麼。

鄰人過去探探婦人的鼻子，尚有微弱的鼻息！趕緊加以急救，婦人才在搶救中悠悠轉醒，活了過來。

婦人想死卻死不了，活過來以後覺得生命太珍貴，不該自殺；她壓根兒都沒想過家中的老鼠竟然救了他的命。婦人平日很慈悲，知道家中有老鼠，所以沒養貓，怕貓傷了老鼠；她還時常留些米穀給這些老鼠吃，所以她家的老鼠都又肥又大。老鼠在她遇到困境想不開而自縊時，趕緊爬上梁柱，咬斷繩索，救她一命。

《護生畫集》的故事中，我們經常讀到慈悲的人救了動物的命，當此人遇到危險時，動物為了報恩而救了恩人，所以救人救自己，好心有好報，真是一點不假。

雙鶴啣珠

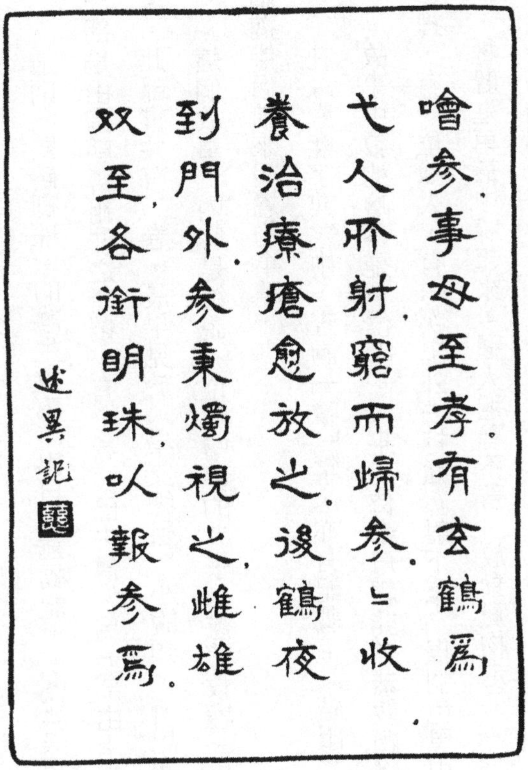

噲参，事母至孝。有玄鶴為弋人所射，窮而歸参。参收養治療，瘡愈放之。後鶴夜到門外，参秉燭視之，雌雄雙至，各銜明珠，以報参焉。

述異記

／雙鶴啣珠

這則〈雙鶴啣珠〉的護生故事，出自《述異記》。《述異記》是古代小說集，此書有兩部。一部是由南朝齊祖沖之所撰，有十卷，已失傳。另一部由南朝梁任昉撰，任昉是南朝的文學家。此部書共有二卷，最早見於《崇文總目》小說類，所記多為異聞瑣事。

這個故事，內容是述說一位叫噲參的孝子，慈悲救護一隻鶴，贏得鶴的友誼，後來那隻鶴攜伴侶前來報恩的事蹟。

在《康熙字典》中，查詢「噲」字，亦有記載：《廣韻》孝子傳有噲參，鵠啣珠與之。

故事中敘述噲參是一位孝子，平日侍奉母親非常恭敬順從，遠近馳名。噲參所居住的城鎮裡，有一位獵人，有一次出外去打獵，射下來一隻羽色黑中帶紅的鶴。鶴受傷了，跌落地上，牠躲進草叢中躲起來，獵人遍尋不著，放棄獵物走了。

受傷的鶴，拖著疼痛的身體，來到噲參家門前。噲參見到受傷流血的鶴，心中非常不忍，生起憐憫心，想要幫助這隻鶴。於是將鶴抱進家中，不但收養牠，還細心照料鶴的傷口，並餵食牠。過了一段時間，受傷的鶴痊癒了，舉止動作都回復靈巧正常，噲參很高興，就帶著鶴到水邊去放生，讓牠回歸自然。

有一天夜裡，更深人靜，外面漆黑一片，噌参聽到門外有鶴的聲音，於是點著蠟燭出來探個究竟，發現是他收養後放生的那隻鶴，帶著伴侶來到他家門口。這兩隻鶴的嘴裡各啣著一顆渾圓透亮的珍珠，牠們將珍貴的明珠送給噌参，報答他的救命和照顧之恩。

這隻鶴知恩圖報，還帶著伴侶一起來報恩，真是知禮又重情重義。噌参心地善良，知道孝順母親，如此善良的人，必定慈悲，所以見鶴受傷有難很自然地伸出援手。噌参救了鶴，並不指望回報，但是意外地雙鶴卻啣珠前來贈與他。噌参的孝心與善良慈悲的義舉，與雙鶴知禮重義的懿行，都感人肺腑，讀此故事，心中湧現一股溫暖的熱流。

放魚得報

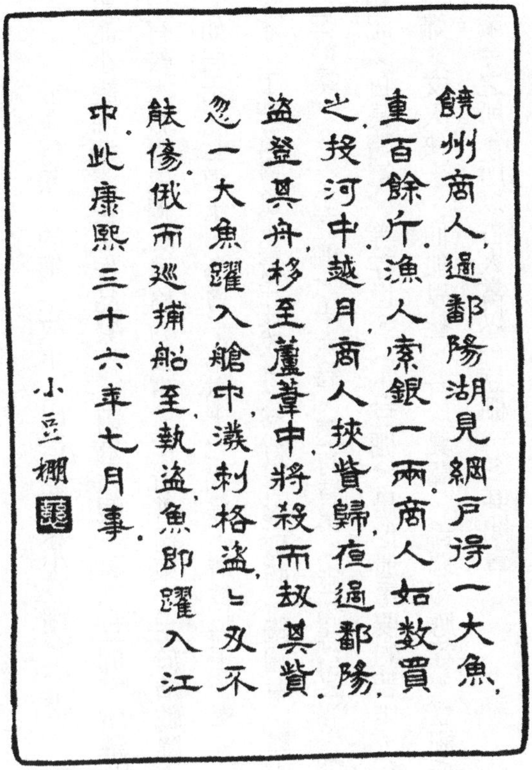
饒州商人過鄱陽湖見網戶得一大魚
重百餘斤漁人索銀一兩商人如數買
之投河中越月商人挾貲歸夜過鄱陽
盜登其舟移至蘆葦中將殺而劫其貲
忽一大魚躍入艙中潑刺格盜盜刃不
能傷俄而巡捕船至執盜魚即躍入江
中此康熙三十六年七月事
小豆棚

饒州商人，過鄱陽湖，見網戶得一大魚，重百餘斤。漁人索銀一兩，商人如數買之，投河中。越月，商人挾貲歸，夜過鄱陽。盜登其舟，移至蘆葦中，將殺而劫其貲。忽一大魚躍入艙中，潑刺格盜，盜刃不能傷。俄而巡捕船至，執盜，魚即躍入江中。此康熙三十六年七月事。

小豆棚

／放魚得報

《放魚得報》的護生故事，出自古籍《小豆棚》一書。《小豆棚》為中國古代筆記小說。筆記小說源遠流長，作品繁複，蔚為大觀。《小豆棚》所選收的作品，均為在古代筆記小說中有較大影響或獨具風格的故事。作者曾衍東，生於清乾隆十五年，字青瞻，一字七如，號七如居士、七道士。為曾子第六十七代孫，清乾隆壬子舉人，宦海浮沉並不如意，但他博學多才，工詩及書畫，筆墨狂放，大致以奇怪取勝。鐫圖章，摩古出奇。著有《武城古器圖說》、《啞然集》、《小豆棚》十六卷，還有詩集《啞然詩句》、《古榕雜綴》、《七道士詩抄》，雜記《日長隨筆》等存世。《小豆棚》是他最重要的著作，為文言短篇小說，內容涉及忠臣烈婦、文人俠士、仙狐鬼魅、奇珍異聞、善惡報應等。豆棚瓜架，歷來是人們避暑消閒、談古論今之所，所以古人常以「豆棚」名其閒書。

這則故事發生在康熙三十六年七月。內容說的是有一位往來於各地做買賣的饒州商人，有一次他又出門去採辦貨物，走水路經過鄱陽湖時，見到一艘漁船上一位捕魚的人，網起一條大魚，這條魚約有一百來斤重。漁民賣這條大魚要價一兩銀子。饒州商人見此魚好不容易長得這麼大，若被人買去，很快就會成為盤中飧，心中不忍，於是用一兩銀子買下大魚，然後放回水裡去。

過了一個月，饒州商人帶著他採買的貨物又回到鄱陽湖，準備由此打道回家鄉。夜裡，他乘坐的船遭盜賊入侵，整艘船被賊人挾持至岸邊蘆葦中，賊匪正要殺害饒州商人，並奪走他的貨物。在這千鈞一髮的危急之時，湖中忽然潑喇一聲，一條大魚躍入船內，扭動著身體猛撲盜匪，與匪徒搏鬥；賊人拿著刀子砍魚，刀竟傷不了魚身。

大魚和盜匪在格鬥之時，湖面上出現巡捕船，差役們及時捉拿住盜匪，饒州商人因此逃過一劫。此時，見危機已除，大魚即刻縱身躍入湖中，消失蹤影。

饒州商人當初一念慈悲，救了大魚性命，並沒想到自己在發生危險時，大魚及時現身來救他。「放魚得報」的故事傳揚開來，饒州商人好心有好報的事，也啟發了許多人。

下馬救蛇

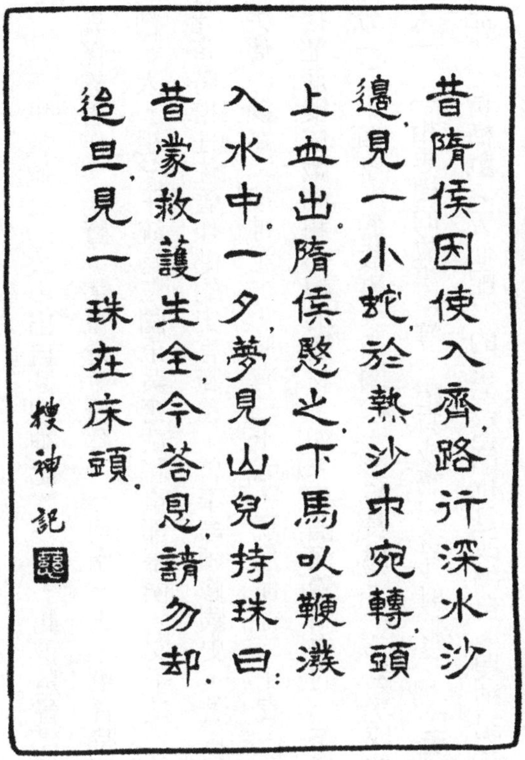
昔隋侯因使入齊，路行深水沙
邊，見一小蛇，於熱沙中宛轉，頭
上血出，隋侯愍之，下馬以鞭撥
入水中，一夕，夢見山兒持珠曰：
昔蒙救護生全，今荅恩，請勿却，
追旦，見一珠在床頭。
搜神記

昔隋侯因使入齊，路行深水沙邊，見一小蛇，於熱沙中宛轉，頭上血出。隋侯愍之，下馬以鞭撥入水中。一夕，夢見山兒持珠曰：「昔蒙救護生全，今答恩，請勿却。」追旦，見一珠在床頭。

搜神記

／下馬救蛇

〈下馬救蛇〉的故事出自《搜神記》一書。此書是晉代干寶蒐集撰寫的，是一部有關神仙鬼怪的著作。干寶，字令升，新蔡（今河南）人。東晉時期的史學家、文學家、志怪小說的創始人。祖父干統為三國東吳奮武將軍都亭侯，父干瑩，曾仕吳，任立節都尉。干寶於東晉元帝時擔任佐著作郎的史官職務，曾奉命領修國史，著《晉記》，時稱《良史》，現在已經失傳。撰寫《搜神記》，原有三十卷，現僅保存二十卷。《搜神記》記載的部分志怪，被發揚並演變成戲劇和小說的題材，如《三國演義》中的「左慈戲曹操」、「孫策殺于吉」，部分「二十四孝」的故事，及關於「彭祖長壽」、「葛永成仙」、「南海鮫人」、「神農架野人」、「相思樹的故事」等，還有成語「含沙射影」、「黃粱一夢」的故事，皆源自於《搜神記》。黃梅戲《天仙配》的主要情節也是改編自《搜神記》，可見此書影響之廣大。

這幅護生畫，內容講述的是隋侯出使齊國，他騎馬經過河邊，在沙灘上見到一條小蛇，那蛇在被晒得發燙的沙中掙扎著，蛇行緩慢；隋侯見此蛇動作不尋常，定睛看仔細些，原來小蛇的頭部受傷出血。隋侯一念慈悲，對小蛇生出同情心，覺得不忍，於是下馬用他手上的馬鞭將蛇撥入水中，以免小蛇在熱沙中性命堪憂。

這件事過後不久，有一天晚上隋侯睡覺時作夢，夢中有一位童子手上拿著一顆明珠告訴他說：「前些時候我受傷，蒙您相救，使我得以保全性命，今天我特地前來報答您的救命之恩，這明珠請您收下，不要推卻。」隨後一覺醒來，果真見到床頭有一顆明珠。

夢境成真，隋侯好心有好報。他在救助小蛇時，並沒希望回報，沒想到他救的竟是一位小神仙，太令他意外了。

這故事，讀來令人心生歡喜，像隋侯這樣隨手做善事，愛惜並尊重生命，值得人們學習喔！

蠅集筆端

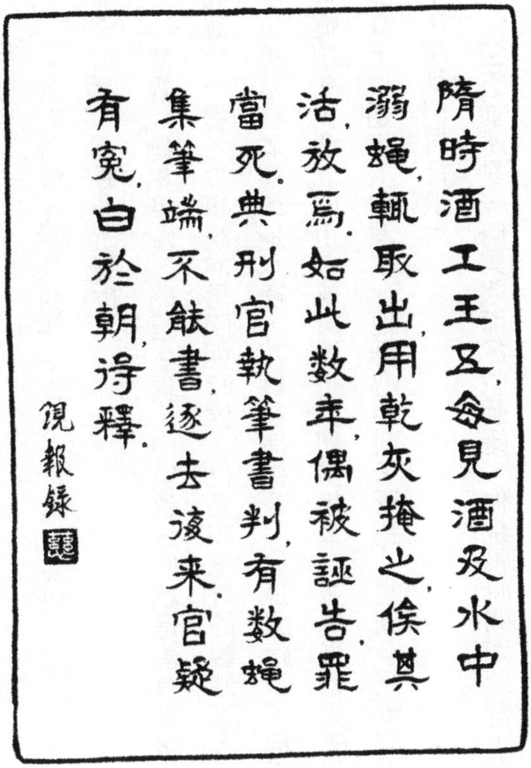
隋時酒工王五，每見酒及水中
溺蠅，輒取出，用乾灰掩之，俟其
活，放焉，如此數年，偶被誣告，罪
當死。典刑官執筆書判，有數蠅
集筆端，不能書，逐去復來，官疑
有冤，白於朝，得釋。
現報錄

隋時酒工王五，每見酒及水中溺蠅，輒取出，用乾灰掩之，俟其活，放焉，如此數年。偶被誣告，罪當死。典刑官執筆書判，有數蠅集筆端，不能書，逐去復來。官疑有冤，白於朝，得釋。

現報錄

／蠅集筆端

「善有善報，惡有惡報，不是不報，時候未到。」這是人人耳熟能詳的話語。這十六個字，完全白話，不必多所解析。

這幅〈蠅集筆端〉的護生畫，內容敘述的就是善有善報的因果關係。這個故事出自《現報錄》一書。故事說的是隋朝時候一位名叫王五的製酒工人，他很善良也很慈悲，見到蒼蠅不慎掉落在酒裡或是水裡，兀自在掙扎著，但是翅膀溼了飛不起來，或昏死過去時，他擔心蒼蠅溺死，會立即小心翼翼地將牠們撈起來，並找來乾灰薄薄一層裹住蒼蠅，讓乾灰吸去蒼蠅身上和翅膀上的酒水。他細心照料著蒼蠅，直到蒼蠅甦醒過來，恢復了體力，才將蒼蠅放生，讓牠們自行飛走。

王五並不是一時興起而拯救蒼蠅，他是長時間如此做，而且已經持續了好多年。可能是他工作的場所，又是酒又是水的，酒香和甜味常吸引蒼蠅聞香而來，才會經常有蒼蠅不慎落入酒水中。一般人見到酒水內有蒼蠅，有兩種可能的舉動，一是不予理會任牠們自生自滅；二是撈起來後，立即直接甩在地上，管牠死活。王五卻做出不同於一般人的舉動，他生性慈悲，具憐憫心，不忍心見死不救，所以很自然地動手拯救蒼蠅，完全出於自動，是人溺己溺的同理心驅動著他，讓他做出慈悲行。

韶光易逝，如此過了幾年，有一天不幸的事降臨在王五身上。這件事對王五來說簡直就是晴天霹靂。事情是這樣的，王五被人誣告，但官司對他非常不利，他雖是冤枉，但卻被判死罪。典刑官拿起筆要寫判決書時，不可思議的事發生了。典刑官手上的毛筆，準備落在紙上書寫時，有幾隻蒼蠅不知從何處飛來聚集在筆端，讓他無法寫字。典刑官揮手趕走蒼蠅，但蒼蠅不肯離去，立刻又聚集在筆端；如此一次又一次，就是不讓他落筆書寫。這時典刑官忽然想到，莫非有冤情？

於是向上級稟報此事，這件案子獲得重新審理的機會，經過更詳盡的審查之後，王五獲判無罪，得以釋放。

看官，這故事多感人啊！連人人喊打的小小蒼蠅都能知恩圖報，人何不能？

讀了這則故事，從此對蒼蠅也要刮目相看了！

羔跪受乳

羔食於其母，必跪而受之，類知禮者。

春秋繁露

／羔跪受乳

「慈烏反哺」、「羔羊跪乳」是我們從小就在家庭及學校教育中，所聽到和學到的故事，及被灌輸的孝道觀念。在華人的社會裡，孝道是倫理道德標準中的頭條，人人都熟悉的「齊家治國平天下」的大道理中，以齊家為首。齊家首要孝順父母，友愛兄弟，否則家中怨聲載道，紛擾不安，家如何能齊？家，是社會中最基本的單位，侍奉父母，兄友弟恭的孝悌之道，是家得以齊的基本功。

這幅〈羔跪受乳〉的護生畫，子愷先生將母羊畫得形體豐腴，穩穩地站立於天地間，牠的神情溫婉，面帶慈祥的微笑，身為母親，牠用愛心和奶水撫育羔羊。

高大的母親和幼弱的小羊是強烈的對比，讓人想到若沒有了母親，孩子如何能生存，可見母親是多麼重要。

在羊的社會中如此，在人類的社會中亦如是。母羊主宰著羔羊的生死，好比人類社會中歷朝歷代的女人，不論角色如何變化，地位如何強大和卑微，都在無形中主宰著許多事。為母則強，孩子在母親的教養下長大，所以母親的角色，主宰著古聖先賢和帝王將相人格的形成和意志力的展現，一個社會甚至國家的強盛興衰，與撫養他們子民的母親均有極大的關係。

母親愛孩子，這種母愛是天性，是有情眾生得以延續生命，生生不息的基礎；但是孩子愛父母親，孝順父母親，在他們長大後，不再依靠父母時，則有變數；不過當孩子成家，有了自己的孩子，也會像父母愛他那樣地去愛自己的孩子。若已身為父母還不知孝順父母，在華人社會中就不符合道德標準，是會被指責和排斥的。

華人社會中提倡孝道，從有文字開始就明文記載著，孝，是以下對上，孝字拆開來看，是一個老字加一個子字；子在下跪著，老在上領受子的跪，這兩個字合在一塊就成了孝字。可見這孝字多有學問啊！多有人性啊！顯現出齊家的基本功。從孝這個字來看，就能領略中國文字的巧妙和深刻意涵。

〈羔跪受乳〉這幅畫，母羊在上，付出乳汁，羔羊在下，接受乳汁的餵養；這幅畫的畫面不正是一個「孝」字嗎？

羔羊跪乳的故事不必贅述，只須多瞧幾眼這幅畫，就知道子愷先生在傳達什麼信息和觀念了。以羔羊來當傳遞信息給人類的主角，就是要人們以羔羊為師，孝順父母，當一個仁人。

羊感救命

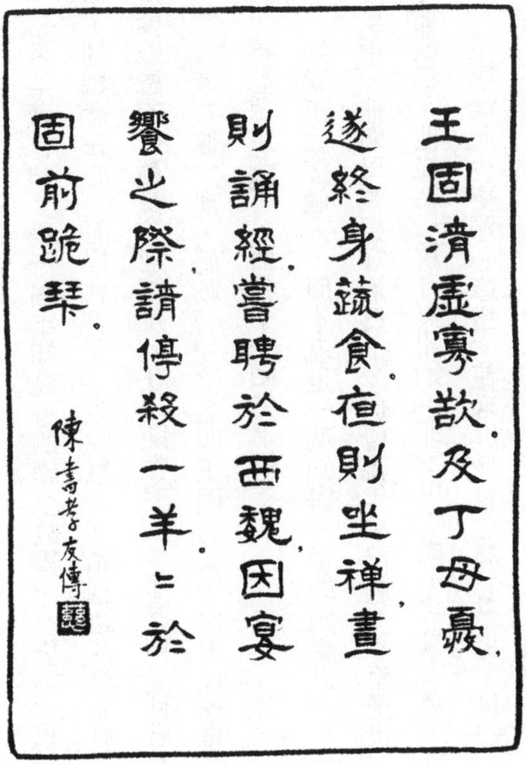
王固清虛寡欲及丁母憂
遂終身蔬食夜則坐禪晝
則誦經嘗聘於西魏因宴
饗之際請停殺一羊〻於
固前跪拜
陳書孝友傳

王固清虛寡欲。及丁母憂，遂終身蔬食。夜則坐禪，晝則誦經。嘗聘於西魏，因宴饗之際，請停殺一羊。羊於固前跪拜。

陳書　孝友傳

／羊感救命

〈羊感救命〉是一幅羊知感恩的護生故事。一隻羊在將被屠殺的危急之時，有人救牠一命，牠感念在心，而找到恩人，並向恩人下跪感謝其救命恩情。羊，有這種感應力，會做出這種感恩的行為嗎?別懷疑，在《陳書》的〈孝友傳〉裡就有一篇這樣的故事。

〈孝友傳〉裡，記載著一位名叫王固的人，他天性善良慈悲，在一次宴會中，見滿桌肉食，不忍眾生受苦，而救了一頭待宰的羊。

話說王固這個人，原本就是一個知書達禮的飽學之士，也是清心寡欲的修道人，而且事母至孝。他與母親相守過日子，但母親年事已高，不幸逝世了。王固在家丁母憂。母喪讓他悲痛欲絕，他從為母親守喪開始，即不再吃肉，終身素食，以感念母親教養之恩。

王固從此也更潛心修道。每晚屏除雜念靜心坐禪，以修心養性；白天則讀誦經書，了解經義，以求了悟生死。

為母親守喪期滿，他應聘在西魏任教席。有一次他應邀出席了一次餐聚宴席。主人也特別為他準備了素宴。他見到席間滿桌酒肉，賓客大啖肉類；心中疼惜被宰殺的眾生受苦了，也疼惜殺生者造了殺業，因此他向主人要求少宰一隻羊，主人知道他生性慈悲，又是修道人，就答應了。

由於他的要求，讓一頭即將被宰殺的羊免於一死。這頭羊在屠刀架在脖子上的危急存亡之際，在驚恐萬分的嚎叫哀鳴聲中即將受死，但廚夫的屠刀忽然放下，收起，不殺牠了。

這是一頭逃過死劫幸運的羊，牠的幸運來自於王固的善良，牠能免於一死來自於王固的慈悲。羊的幸運和王固的命運相連，從因果關係來看，羊和王固之間有一段善因善緣，要在這世了結。王固在這世救羊，而羊或許曾在前世救過王固。這樣的事絕不是偶然的，偶然的背後有著許多的因果牽扯，只是我們看不見，但用心去體會發生在自己身上的事，以及與人相處，與動物相處的種種，有智慧的人、心清淨的人，或許就能感悟自己這一生際遇的來龍去脈呢！

孫慧郎

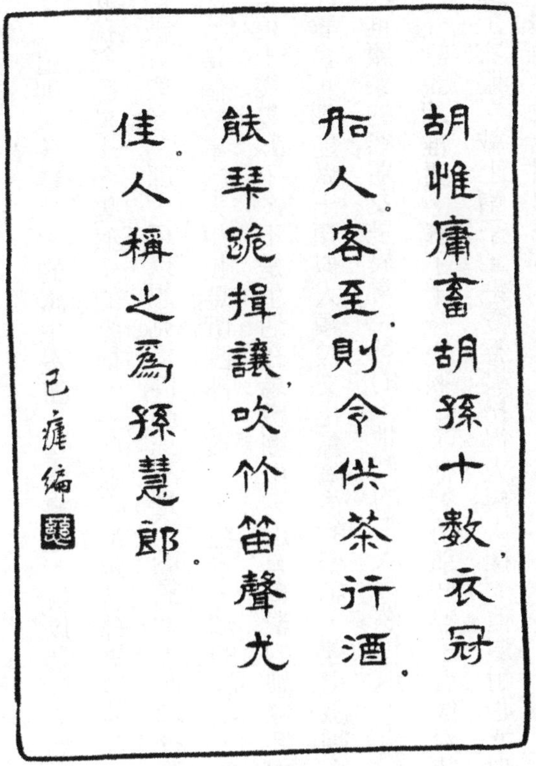
胡惟庸畜胡孫十數，衣冠
如人。客至，則令供茶行酒。
能拜跪揖讓，吹竹笛聲尤
佳。人稱之為孫慧郎。
已瘧編

胡惟庸畜胡孫十數，衣冠如人，客至，則令供茶行酒。能拜跪揖讓，吹竹笛聲尤佳。人稱之為「孫慧郎」。

已瘧編

／孫慧郎

這則〈孫慧郎〉的護生漫畫，單看畫題，會以為孫慧郎是一個人，讀了題詞之後，才知此孫慧郎是十多隻猴子的總稱。這些猴子都跟著孫悟空姓孫，也跟主人姓胡，人稱胡孫，牠們被人取名為郎，可以想見這群胡孫不是一般猴子，而是身懷絕技，有智慧的猴朋友。

這個故事讓人想起馬戲團裡的猴子，經過人類的訓練，能做許許多多高難度的表演；但是這十幾隻猴子，不是生活在馬戲團中，沒有專業的訓練師來教導，而是由明朝宰相胡惟庸所養育，卻能做出類似人類被文化薰陶後的舉動，連馬戲團內的猴子都不一定能做到，可見胡惟庸家的猴朋友是異常聰慧的，牠們的主人當然也很了不起。

話說胡惟庸，養了十多隻猴子，他對待這些猴子就像對待自己的孩子一樣，給猴孩子們穿上衣服，戴上帽子，把愛猴裝扮得人模人樣。他還耐心地訓練這些可愛的猴孩子進退應對的禮數，教牠們如何為客人倒茶斟酒，有客人上門時如何有禮貌地拱手敬禮，做一隻有文化的猴子。

胡惟庸不知花了多少愛心和耐心，終於教會了他的猴孩子們這些禮節。接著又教牠們吹竹笛。哇！這真的太難了！猴孩子們雖然聰明也不一定懂得音律，但是這群猴子，真是天才，在胡惟庸的教導下，竟也學會吹笛子，太不可思議了！

難怪胡惟庸如此疼愛牠們，經常拿牠們在朋友面前獻寶。

每次有客人上門，胡孫們在門口作揖跪拜，迎接客人，將客人帶進屋中，給貴客上茶倒水，盡心伺候著客人；主人宴客時，胡孫們給客人斟酒，還為客人演奏竹笛，以娛樂嘉賓。

胡孫們吹起竹笛，有板有眼，音色還挺優美動聽，不是各吹各的調，那就會雜亂無章，成為噪音了。

在胡孫們的盡情表演中，真是賓主盡歡啊！客人看猴子們個個聰明慧黠，也都很歡喜，有人給這些猴子取名為孫慧郎。

這些猴朋友們，還真當得起孫慧郎這個好名字呢！

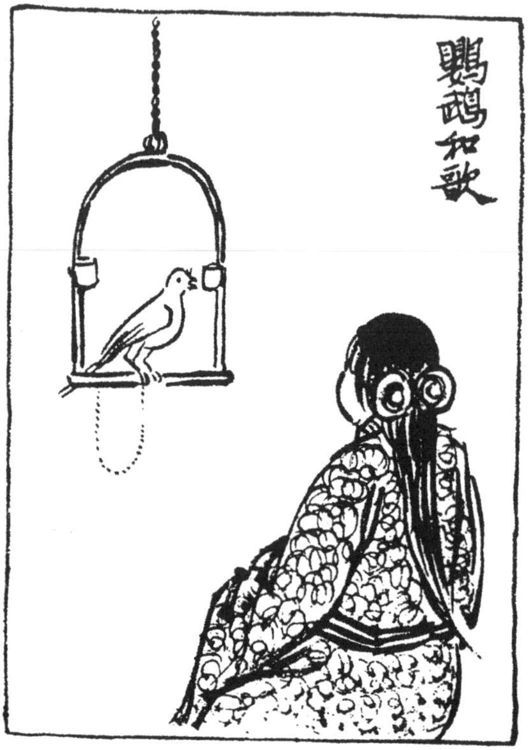

鸚鵡和歌

河間王琛，有妓朝雲，善歌。又有綠鸚鵡，善語。朝雲每歌，鸚鵡和之，聲若出一。號爲綠朝雲。

侯鯖錄

河間王琛，有妓朝雲，善歌。又有綠鸚鵡，善語。朝雲每歌，鸚鵡和之，聲若出一。號為綠朝雲。

侯鯖錄

／鸚鵡和歌

在《侯鯖錄》這部古籍中，記載著一則有趣的故事，是關於一隻紅嘴綠鸚鵡的事蹟，這隻善音律，能和聲的鸚鵡，被疼愛牠的主人稱為「綠朝雲」。

《侯鯖錄》是宋朝趙令畤所撰。令時，字德麟，燕王德昭元孫。蘇軾任潁州太守時，愛其才，特上書推薦令時。後因元祐黨爭，被廢十年。紹興初年，封安定郡王，遷寧遠軍承宣使。工於詩，以柔婉清麗見長，著有《侯鯖錄》八卷。此書收錄故事詩話，頗為精贍。書中所談隱語、奇字，為世人所知，但未知出處者，令時冥搜遠證，著之為書，名曰《侯鯖錄》，意以書之味，比美鯖魚之美味也。

話說此書中記載著一隻鸚鵡，此鸚鵡美麗可愛，有著美妙動聽的歌聲，還擅於學人語；這隻會說話又愛唱歌的鸚鵡，人見人愛。

這隻綠鸚鵡，是河北省河間府王琛所飼養的。王琛家中，還有一位歌妓名叫朝雲。朝雲天生有一副好歌喉，善於歌唱，這不是什麼稀奇事，這樣的人很多；但是每當朝雲唱歌時，就有和音天使為她助唱，和音天使不是人，而是這隻綠鸚鵡。

王琛家的鸚鵡，除了善歌，還善解人意，並有一副聰明的頭腦，能察言觀色，更有超強的記憶力，能將歌妓朝雲唱過的所有歌，都熟記在腦海中，才有可能不論朝雲在任何時候，唱起任何的歌，牠都能和音，而且和得恰到好處，好像是另一位歌者在和聲一般。真是巧妙啊！一人一鳥同聲歌唱，唱出的歌，加倍好聽，讓一旁的聽歌者，歡喜也加倍。

這樣的鸚鵡，可不是一般的鸚鵡呢。很可能鸚鵡的前世也是一位歌唱者，對音律熟悉，又有好歌喉，只是今生投胎成為一隻鸚鵡，仍不脫對音律及唱歌的習性，也深以歌唱為樂，更喜聽人們的讚美聲。

這隻綠鸚鵡，實在與眾不同，所以被稱為「綠朝雲」，牠與歌妓朝雲一樣，在王琛家中的地位也相當。但綠朝雲是寵物鳥，可能更得王琛家人的歡心。王琛也因為有了這隻能歌善語的綠鸚鵡，而被記入古籍，流傳後世，留名千古。

犬忠于主

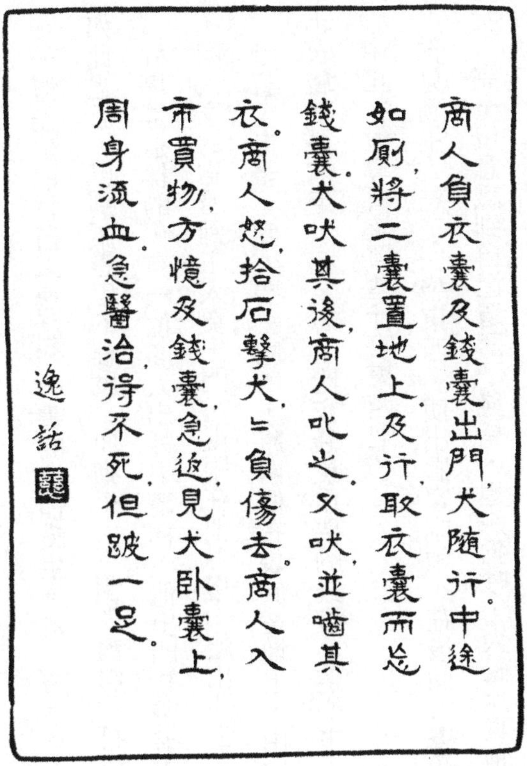

商人負衣囊及錢囊出門，犬隨行。中途如廁，將二囊置地上，及行，取衣囊而忘錢囊。犬吠其後，商人叱之。又吠，並嚙其衣。商人怒，拾石擊犬，犬負傷去。商人入市買物，方憶及錢囊，急返，見犬臥囊上，周身流血。急醫治，得不死，但跛一足。

逸話

／犬忠于主

子愷先生取材自《逸話》一書的這幅護生漫畫，讀來令人搖頭感嘆。故事中的狗，對主人如此盡忠，已到了愚忠的程度；而狗主人不明就裡將狗打傷，怎不令人嘆息！

故事是這樣的，有一位商人出外去購物，他出門時帶著兩個袋子，一個裝衣物，一個裝錢。商人家的狗看到主人要出門，就跟在他身邊一起出門去。

走著、走著，商人要去廁所，將兩個布袋放在地上，由狗看守著。他蹲完了廁所出來，拿起衣袋就往前走，完全忘了比衣袋更重要的錢袋。這位主人也很糊塗，如此心不在焉？可能心中正在盤算著該買些什麼東西吧？

狗見到主人忘了一袋東西，使出看家本領，在後面大聲吠叫，提醒主人回頭。主人聽到狗吠，完全沒意識到自己遺落了錢袋，還嫌狗吵，大聲斥責牠。

狗見主人沒有回頭取錢袋，更加大聲叫著，聲音非常急切，好像在說：「主人、主人，您回頭看看，忘了東西了，快回來取吧！」奈何主人一心想往前走，根本不理牠。狗心中更急了，於是奔向主人，咬住他的衣服。

急著趕路的主人更煩、更生氣了，撿起一塊石頭往狗身上丟去。他一擊中的，將狗給打傷了。

狗痛得哀哀大叫，心裡也受了委屈，負傷跑開了。主人這才憤憤地繼續向前走。當他走進市場要買貨時，才想起錢袋不見了，原來狗不斷地吠叫，還咬他的衣服，是在提醒他拿錢袋。

商人即刻趕回遺忘錢袋的地方，心裡一定既著急又犯愁，怕錢袋被人撿走，那就慘了！這時才想起狗的好處，如此機警又盡忠的狗，他怎麼一時糊塗竟拿石頭砸牠呢！真是後悔莫及！

商人趕回去，見到被他砸傷的狗趴臥在錢袋上守著，等著主人回來取。狗的身上流了好多血，染紅四周的地。狗的情況很糟，看去奄奄一息。商人拾起錢袋，焦急地抱起狗，帶去給郎中醫治傷勢。

這隻忠犬，算是命大，經過急救，免於一死；又經過一段時間療傷，傷勢得以復元，但是卻永遠跛了一條腿。

狗的跛腿，留給主人永久的警惕，讓他時時想起自己是如何誤傷一隻忠心耿耿的狗。不過，這位主人平時應該很疼愛狗，出門總是會帶著牠，否則那天狗也不會主動跟著他。

由此可見主人與狗是好朋友，只是主人那天心中有事，狗又不斷吠叫，讓他心煩，一時脾氣來了，血衝腦門，缺欠考慮，於是做出很不理智的行為。這個故事也讓我們省思和慎思。

熊有先見

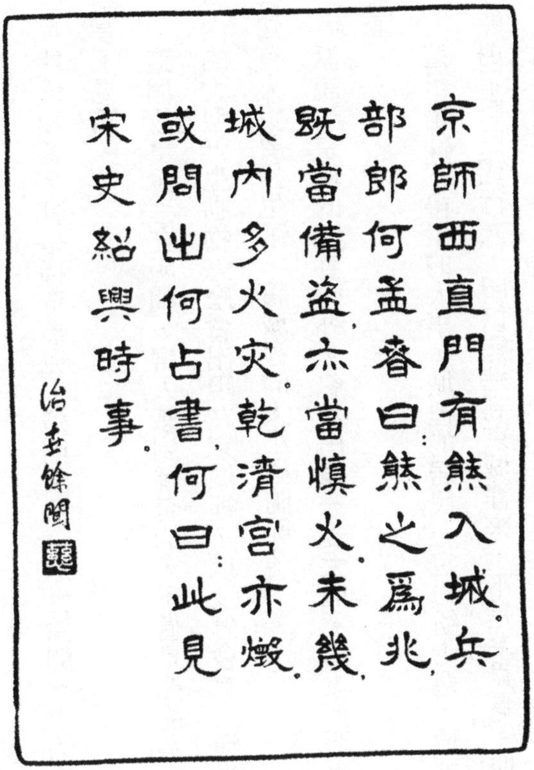

京師西直門有熊入城。兵部郎何孟春曰：「熊之為兆，既當備盜，亦當慎火。」未幾，城內多火災，乾清宮亦燬。或問出何占書？何曰：「此見《宋史》紹興時事。」

治世餘聞

／熊有先見

熊能預警？真是稀奇事兒！這則出自《治世餘聞》中的護生故事，讓人們大開眼界，也增長了見識。

這個故事發生在明朝，讓人感到稀奇的，不僅是熊能為人預警，還有熊這種居住在深山林內的大型野生動物怎麼會出現在京城裡？以及怎會有人懂得城裡有熊出現，是前來預警，告知有火災要發生了，讓城裡的人小心防範？

話說，京城的西直門外，忽然出現一隻大熊，這大熊還大剌剌地走進城門，進入到城裡來了。

這可是件不得了的大事，城裡的居民一定紛紛走避，怕被熊所傷。但是故事裡，並未敘述熊傷了居民或行人，所以熊進到京城裡來，不是為覓食，而是另有用意。

熊進到京城裡了，驚駭的居民趕緊稟報官府處理。兵部郎何孟春接到報案，他除了安撫居民，將熊趕出城去，並未傷害這隻大熊。他還說：「熊是來預警的。」於是下令加強巡邏防備，並提醒城裡的居民要小心火燭，防範火災意外。

果然沒多久，城中多處發生火警，燒毀民居，甚至連乾清宮都不慎失火，遭祝融吞噬。

但也由於何孟春的防備和提醒，以及啟動緊急救災的機制，調動人員迅速滅火，讓城裡生命財產的損失減到最低。

事情過後，有人好奇地問他：「大人，您怎麼會知道那頭熊是進城來預警火災的？這典故出自哪一部占卜的書籍呢？」何孟春回答說：「這個典故出自《宋史》，這部書中有一篇叫〈紹興時事〉的文章，我正好讀到了。」真是好巧不巧，這位愛讀書的兵部郎，因多讀了點書，而能及時拯救了城裡的居民。

何孟春是明朝弘治六年（一四九三年）進士，他是頭腦清楚，記憶力好，又能學以致用的兵部郎，他的機警救了全城居民。而熊，這預警的能力，更是令人刮目相看啊！莫非是神仙化身來的！人類可就沒有這種感應和靈通，還要等著熊來解救我們，真要感謝熊的救命之恩呢！

鹿去不歸

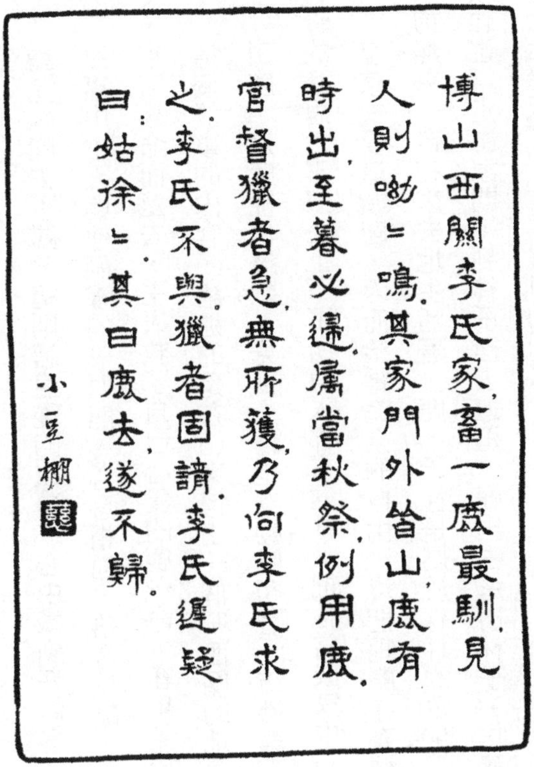
博山西關李氏家，畜一鹿最馴，見人則呦呦鳴。其家門外皆山，鹿有時出，至暮必歸。屬當秋祭，例用鹿。官督獵者急，無所獲，乃向李氏求之。李氏不與。獵者固請，李氏遲疑曰：姑徐徐。其日鹿去，遂不歸。
小豆棚

博山西關李氏家，畜一鹿最馴，見人則呦呦鳴。其家門外皆山，鹿有時出，至暮必歸。屬當秋祭，例用鹿。官督獵者急，無所獲，乃向李氏求之。李氏不與。獵者固請，李氏遲疑曰：「姑徐徐。」其日鹿去，遂不歸。

小豆棚

／鹿去不歸

讀完〈鹿去不歸〉這則護生畫的故事，心中感到好歡喜。

故事中主人與他飼養的一頭鹿，心意相通，語言無礙，人鹿即時感應道交，鹿獲得訊息後，趕緊逃命而遠去，主人救了自己心愛的鹿一命，鹿也免於一死，從此徜徉於山林中。

這個故事的內容，講述的是在山東博山一個叫西關的地方，一戶李姓人家的事。李家養了一頭鹿，這鹿性情溫馴，見到人總是呦呦鳴叫著，彷彿與人請安問好似的，也表現出與人親近的意思。李家上上下下所有人都喜愛牠，把牠當成家中一分子般的疼愛著。

李家人愛這頭鹿，因而給牠完全的自由，沒把牠關在畜欄裡，而是讓鹿在家中和院子裡無拘無束，自在來去地生活著。鹿，天性是屬於森林的眾生，李家大門外就是山林，因此這頭鹿也常走出家門，到林子裡去遊逛。鹿出去逛樹林子，吃草，或奔跑遊玩，李家人都不擔心，因為天黑了鹿都會自動回家。

那一年，當地官府又要舉辦例行的秋季祭典，一般這種祭典都要宰鹿來當供品祭祀。為了這秋祭大典的舉行，官府早已委託獵人入山去捕獵需用的鹿。但是獵人巡捕了幾天，山林裡都沒有野鹿的蹤跡；獵人找不到鹿，空手而歸。但秋祭大典即將登場，獵人交不了差，十分著急。在無法可想之下，就動腦筋想到李家那頭鹿了。於是獵人前往李家登門拜訪，與主人商量，想買這頭鹿來當祭品應急。

這鹿可是李家上下的心肝寶貝，主人想當然不會同意。但獵人心意堅定，非買到鹿向官府交差不可，因而苦苦相求。

李家人很為難，只好想出緩兵之計，對獵人說：「我家那頭鹿正好不在呢，不知跑到哪玩兒去了。您不必著急，明日再來聽取消息吧！」

獵人離去後，李家主人等到鹿回來，不知對鹿說了什麼，鹿甚為了解主人的心意，當天再度出門去，從此就再沒回家了。

李家的鹿，能察言觀色，還善解人意，與主人心意相通，主人希望牠逃命，逃得愈遠愈好，再也不要回家了，牠全懂。人和鹿雖都不捨對方，但鹿也只好向主人告辭逃命而去。

馬促出走

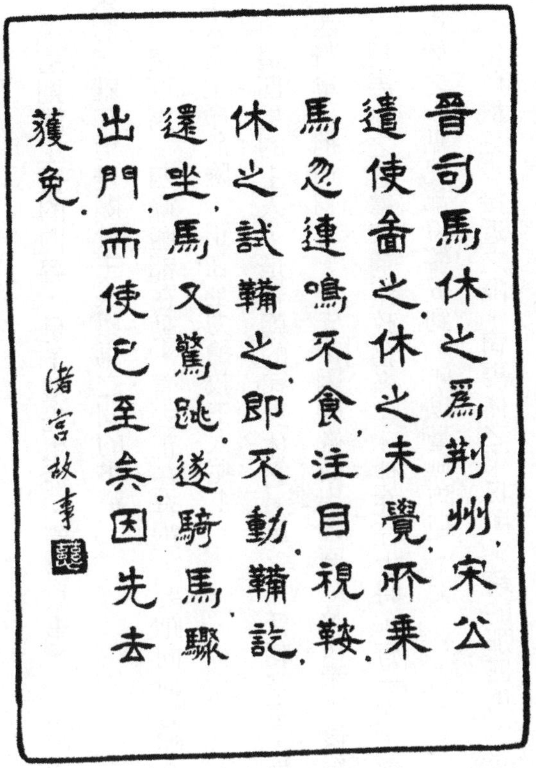
晉司馬休之爲荆州宋公
遣使畫之休之未覺所乘
馬忽連鳴不食注目視鞍
休之試鞴之即不動鞴訖
還坐馬又驚跳遂騎馬驟
出門而使已至矣因先去
獲免
渚宮故事

晉司馬休之為荊州，宋公遣使圖之。休之未覺。所乘馬忽連鳴不食，注目視鞍。休之試鞴之，即不動。鞴訖，還坐，馬又驚跳。遂騎馬，驟出門，而使已至矣。因先去獲免。

渚宮故事

／馬促出走

這則護生畫的內容，是子愷先生從《渚宮故事》一書中選讀出來與大家分享的。從圖上來看，就知道是關於主人與馬之間的事蹟。

這匹馬，四條腿都在動，看去正在奔跑，要跑向何方呢？何事如此匆忙？原來他感應到主人有生命危險，正在全力搶救主人呢！

這匹馬的主人，是晉朝的司馬休之。休之為晉朝宗室，譙王司馬恬的第三子。在晉官至平西將軍、荊州刺史。曾先後因國亂而出奔南燕及後秦。後秦為劉裕所滅後，轉投北魏。

司馬休之曾掌管荊州政務多年。他在任上時，有一次，宋公劉裕派人去暗殺他。這件事司馬休之一點兒都沒警覺到，所以毫無防範。

當危機逐步接近之際，司馬休之平日所乘騎的那匹馬，忽然變得很不安，牠不斷鳴叫著，休之安撫牠，牠仍不停止哀鳴，讓休之倍感困擾，不知愛馬發生了什麼事？休之餵愛馬吃糧草，牠也不肯吃，休之感到更奇怪了。這匹愛馬是他的老夥伴，平日很乖順的，今天是怎麼啦！

那匹馬，不理休之的安撫，不斷將目光投注在馬鞍上。休之發現了，就順著馬兒的目光去摸摸馬鞍、韁繩和馬鞭等乘騎的工具，好像準備要騎馬出去。這時他的愛馬就不叫了。休之以為沒事了，就把手放下，並沒有要騎馬的意思。這時，馬又開始嘶鳴，而且更見急躁不安地跳來跳去。

休之以為馬兒想出去溜溜，只好順著馬的意思，跨上馬背，騎著馬出去。馬兒載著主人飛奔出城，將休之帶離危險。

馬兒載著休之離去的當時，宋公派來刺殺休之的刺客，已經進到城裡，就快到休之的府邸了。幸好休之先一步離開，而能免於一死。

這匹馬是怎麼感應到主人公有危險？又能聰明地想辦法讓主人脫離危險？此馬既有靈性又很靈通，是一匹神馬。馬這世前來與司馬休之結緣，可能是來報前世救命之恩的。他們前世結下的好緣，今生能有好報。

馬愛聽經

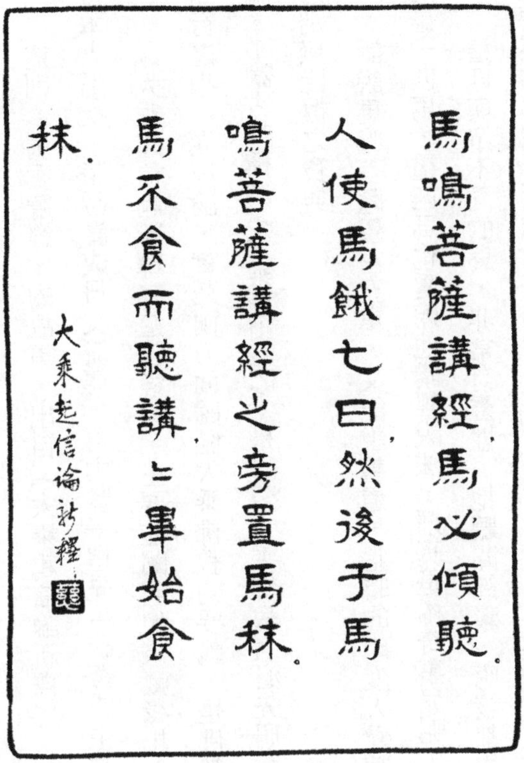
馬鳴菩薩講經，馬必傾聽。
人使馬餓七日，然後于馬
鳴菩薩講經之旁置馬秣。
馬不食而聽講，講畢始食
秣。
大乘起信論新釋

馬鳴菩薩講經，馬必傾聽。人使馬餓七日，然後于馬鳴菩薩講經之旁置馬秣。馬不食而聽講，講畢始食秣。

大乘起信論新釋

／馬愛聽經

這則〈馬愛聽經〉的故事，出自《大乘起信論新釋》。此部經論是印度馬鳴菩薩所著，日本人湯次了榮翻譯成日文流傳，再由豐子愷先生翻譯成中文。

《大乘起信論新釋》這部經論，主要在闡明如來藏緣起之要旨，以及菩薩、凡夫等發心修行之相。從理論、實踐兩方面歸結大乘佛教的要義，是佛教思想的入門書中很重要的一部論。本論古來稱為《大乘通申論》，是學習大乘佛教者必先研讀之典籍。組織井然，論旨簡明，乃別無比擬之寶典。

話說馬鳴菩薩學富五車，又能說善道，當時的印度人愛聽他說法。但是這則故事中的主角是一匹馬，這匹馬也愛聽他講經說法，還真是稀奇事兒呢！

這匹與眾不同的馬，非常有靈性，牠聽聞經義，應該都能理解，因此才能如此吸引牠。牠聽經的專注，不輸給在場的任何一位佛教信徒，讓人們嘖嘖稱奇。

這匹愛聽經的馬，想必在當時名聞天下了。有人就不信馬能如此專心聽經，於是故意讓馬餓上七天，讓牠飢腸轆轆，再將牠牽到馬鳴菩薩講經的地方，在牠身旁放上糧秣，來試試這馬的定力。考驗一下牠到底是真愛聽經，寧願餓肚子不吃草；或是在快餓昏的當下，管不了聽經的事，還是填飽肚子比較重要。

這對馬來說是個極大的考驗。結果，馬果然忍飢耐餓，視糧秣於不顧，只管專心聽馬鳴菩薩講經。直到馬鳴菩薩講完經，起身離去，馬才低下頭開始吃糧草，

這馬可真是一匹神馬啊！這馬分明前世就是一位學佛之人，可能學佛不到位，此生轉世為馬，不改愛聽經的習性，聽到馬鳴菩薩講經，給牠繼續修行的機會，於是不肯錯過。此馬能掌握機會繼續修行，雖此世淪為畜生道，但能體悟經義，就能提升靈性，下輩子再得人身，或成為天人，可繼續聽經學習，再上層樓了。

牛能示警

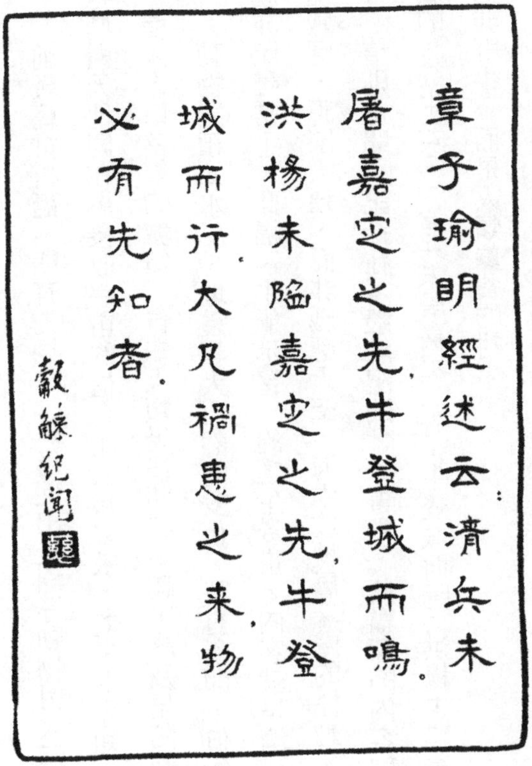
章子瑜明經述云：清兵未屠嘉定之先，牛登城而鳴。洪楊未陷嘉定之先，牛登城而行。大凡禍患之来，物必有先知者。
觳觫紀聞

《章子瑜明經》述云：「清兵未屠嘉定之先，牛登城而鳴。洪楊未陷嘉定之先，牛登城而行。」大凡禍患之來，物必有先知者。

觳觫紀聞

／牛能示警

前幾篇賞析過〈熊有先見〉、〈馬促出走〉等動物對人示警的護生畫。許多動物有靈通，牠們與天地同在，接收宇宙的信息比人類靈敏，能未卜先知，為主人預警；甚至野生動物也會進入人口密集的城鎮，告知人類災禍即將來臨，該及早防範。

動物能預知水災、地震等大自然的變化，時有所聞，但能預知火災及主人將被人殺害，就非比尋常了。此幅〈牛能示警〉的護生漫畫，內容就是講述牛能警告人類戰爭和人禍。這種感應，應屬靈通，而非感應天空、海中或地層深處的悸動。

這則奇聞，記錄在《觳觫紀聞》一書中，此篇章的內容則是引述《章子瑜明經》中所記載的。經中云：「清兵未屠嘉定之先，牛登城而鳴。洪楊未陷嘉定之先，牛登城而行。」這牛，應非野牛，而是人類豢養的耕牛。

牛，是跟人類很親近的動物，為人類拉犁耕田，拉車運貨；牛力氣大，性溫馴又任勞任怨，是人類第一等的好夥伴。當你直視牛的眼睛，那深邃、水汪汪的大眼，總像在對人述說著什麼，如此清澈、溫婉而有深意，那眼神彷佛能洞悉世事，但卻又隨緣自在、自在隨緣，很認命地當一頭牛，做牛該做的事。

你或許聽說過「一世官九世牛」這句話，意思是位居高位的官爺，若不清高自持，而貪贓枉法，積斂財物，成為貪官的話，這一世為官，可能要九世為牛，才能償此惡業。說不定有些牛的前世就是貪官，轉世落入畜生道為牛身，要辛苦九輩子，但已經後悔莫及，所以牛的眼神，有一種認命的滄桑。

不是所有牛都是貪官轉世而來的，也有天生就是牛的。像「清兵未屠嘉定之先，牛登城而鳴。洪楊未陷嘉定之先，牛登城而行。」這樣的牛多有靈性啊，簡直有神通呢！可見這牛不簡單，已經修煉成仙了。能預知大禍將臨，其先知的能力，是人類這自詡為萬物之靈的物種萬萬不及的。

對牛這種生物和人類好友，我們要多愛惜多尊重。牛、牛車、牛王，在佛經中有崇高的地位，用來比喻修道境界，所以不可小看牛也！

犬勸避禍

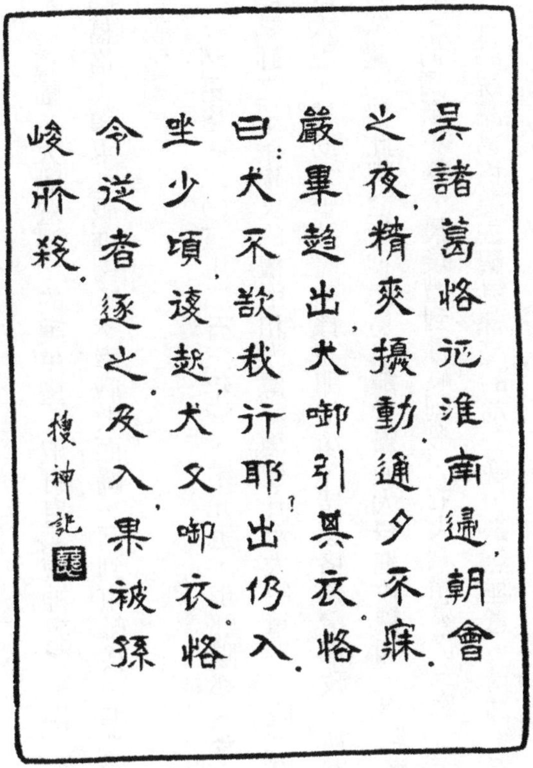
吳諸葛恪征淮南歸，朝會
之夜，精爽擾動。通夕不寐。
嚴畢趨出，犬啣引其衣。恪
曰：犬不欲我行耶？出仍入。
坐少頃，復起，犬又啣衣。恪
令從者逐之。及入，果被孫
峻所殺。
搜神記

吳諸葛恪征淮南歸，朝會之夜，精爽擾動，通夕不寐。嚴畢趨出，犬啣引其衣。恪曰：「犬不欲我行耶？」出仍入。坐少頃，復起，犬又啣衣。恪令從者逐之。及入，果被孫峻所殺。

搜神記

／犬勸避禍

這幅〈犬勸避禍〉的護生畫，取材自《搜神記》一書。內容記載三國時代，孫吳的大將諸葛恪，領軍征戰淮南，不幸戰敗而歸。回到京師後，準備第二天要上朝覲見吳主孫亮，報告戰況。

諸葛恪（二〇三—二五三年），字元遜，琅邪陽都（今山東沂南）人。三國時東吳重臣諸葛謹之子，東吳的權臣和太傅，後遷升為大將軍（一說官至丞相）。孫權臨終時以其為輔政大臣，輔助太子孫亮。孫亮即位後，諸葛恪獨攬軍政，初期籠絡民心，東興之戰勝利後頗有眾望。但此戰之後，諸葛恪窮兵黷武大舉進攻魏國，最終輕敵大敗而回；漸失民心未有反思，仍獨斷專權。最後遭到孫峻刺殺，並夷滅諸葛恪三族，諸葛恪死時五十一歲。

話說諸葛恪要去覲見孫亮的前一晚，毫無睡意，精神紛擾，且恍恍惚惚地，在床上徹夜輾轉難眠。第二天一早，他穿戴整齊，準備要上朝去。他官邸中所養的，平日很疼愛的那隻狗，忽然咬住他的衣服不放。

這隻狗從來沒這樣過，諸葛恪覺得事有蹊蹺，心中怪怪的，很是不安。他心事重重地摸摸愛犬的頭，並對牠說：「你不讓我出去嗎？」說著他踏出家門，卻又折回家中，坐下來沉思了一會兒。

諸葛恪心想，該面對的終究要面對，逃也逃不掉，於是，他又站起來，再度要上朝去。他的愛犬，可不依，又奔過去咬住他的衣服，諸葛恪輕聲斥責牠，令愛犬張開口，放開他的衣服，好讓他出門。但是愛犬依舊不肯鬆口。諸葛恪不得已只好叫隨從將狗拉開，並將牠趕走。

諸葛恪上朝覲見孫亮，果然在酒宴中被孫峻的伏兵刺殺。君要臣死，臣不得不死。

諸葛恪的愛犬已預知主人此去將永不再回來，拚命想留住主人，救他一命。想像諸葛恪叫隨從將愛犬拉走，那隻狗叫得多悽慘，那畫面實在令人心酸呢！狗如此靈通，能先預警，讓主人知道危機將至，可是依然救不了主人，真是奈何！

犬能改過

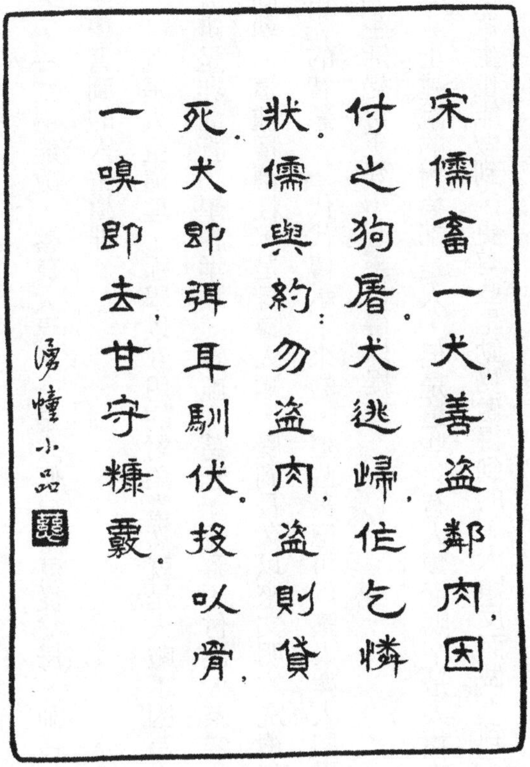
宋儒畜一犬，善盜鄰肉，因
付之狗屠。犬逃歸，作乞憐
狀。儒與約：勿盜肉，盜則貸
死。犬即弭耳馴伏。投以骨，
一嗅即去，甘守糠覈。
湧幢小品

宋儒畜一犬，善盜鄰肉，因付之狗屠。犬逃歸，作乞憐狀。儒與約：「勿盜肉，盜則貸死。」犬即弭耳馴伏。投以骨，一嗅即去，甘守糠覈。

湧幢小品

／犬能改過

「知過能改，善莫大焉。」是人們自小就從父母、師長和古聖先賢流傳下來的觀念中，所學習到的人生道理。

既是人生道理，那學以致用的對象當然就是人囉！因為人有聰明才智去理解道理，知道分辨是非曲直，學習孝順、謙虛、慈悲、寬容、付出、友愛和堅持某些價值觀，即所謂擇善固執。這種種德性，是身為人類，受到長久以來文明的洗禮和文化的薰陶，也是積累了多少祖先的智慧，一代代傳承下來的。這些美德可以讓人與人和平相處，社會國家安定興盛，人們生活過得更好，心靈也得以提升。

上述說的對象都是人，但是這些只有人類懂嗎？是人類的專利嗎？非也，其他旁生的有情眾生也能做到，更有些是動物做得到的，人類反而做不到。讓人們覺得該以動物為師。

這則〈犬能改過〉的護生畫，內容就是描繪一隻非常聰明而且又有定力的狗，牠犯錯卻知錯能改的故事。

事情是這樣的，宋朝的時候，有一位讀書人，家中養了一隻狗。這隻狗很乖巧，得人疼愛；但是狗兒有一個壞習慣，經常跑到鄰居家去偷肉吃。被鄰居發現後，來家裡告狀。書生只好不斷向鄰居道歉，並斥責自家的狗，警告牠不准再犯。

但是這隻狗卻屢勸不聽，仍繼續去鄰居家偷肉吃。書生不勝其煩，也更加生氣，後來實在忍無可忍了，於是將這隻狗，送到屠戶那裡去，請屠夫將狗給殺了。

這狗非常聰明，知道自己性命堪憂，在屠夫還沒動手殺牠之前就偷溜出來，跑回家裡去。見到主人，趕緊蹲坐在地上，直視著主人的眼睛，耳朵服貼在腦旁，垂著尾巴，嘴裡發出求饒的低鳴聲。好像在求主人原諒牠，說牠從今以後再也不會去鄰居家偷肉吃了。

書生本來還在氣頭上，見到心愛的狗活生生地回來了，心裡其實是高興的。這位讀書人生性慈悲，也覺得自己太過分了。真慶幸愛犬回來了，為了要規範牠，於是對牠說：「以後你再去偷肉，就將你送去屠夫那兒殺了。」狗搖著尾巴答應了。

書生為了試探狗的定力，有一天故意丟了一根狗最愛吃的肉骨頭給牠，狗兒過來嗅一嗅，沒吃，扭頭走了。牠寧願保持定力，遵守諾言，認命地吃些粗糠和舂核果餘下的粗屑及剩飯剩菜，也不再吃肉骨頭了。

看官，狗兒這決心能不令人佩服嗎？節制口腹之欲，連人類都很難做到哩！

犬能知罪

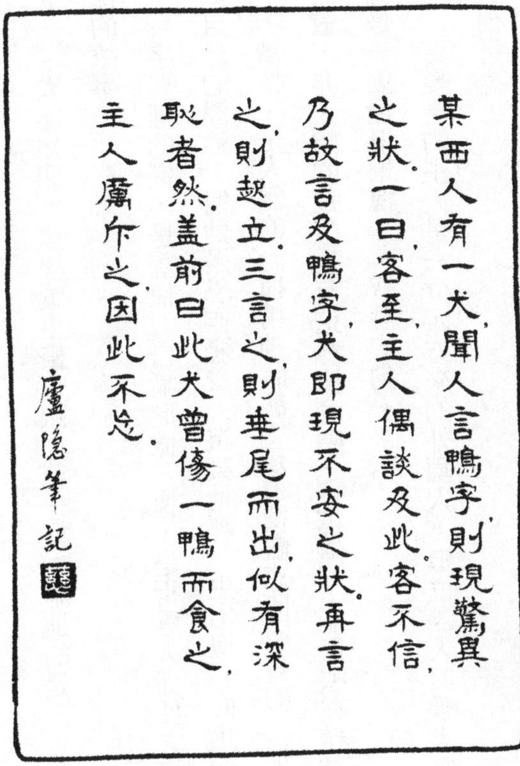

某西人有一犬，聞人言「鴨」字，則現驚異之狀。一日，客至，主人偶談及此。客不信，乃故言及「鴨」字，犬即現不安之狀。再言之，則起立。三言之，則垂尾而出，似有深恥者然。蓋前日此犬曾傷一鴨而食之，主人厲斥之，因此不忘。

盧隱筆記

／犬能知罪

〈犬能知罪〉這幅護生畫也跟上篇一樣，講述的是一隻狗知過能改，而且知錯後深感慚愧的故事。

字典裡的慚，是羞愧，自慚形穢。愧，是折辱人而使之慚。佛經中的慚，是反省，羞恥於自己的罪過。愧則是恐作惡受人譏笑批評，生出愧心而止惡。

慚愧，是人類的一種精神狀態，是道德觀念所引發的，根植於善惡是非黑白等的價值觀。難道，非人類的眾生也有這種概念嗎？也懂嗎？能反映在精神上嗎？能的，這幅漫畫的主角就是一隻懂得慚愧，有智慧的狗。

這隻狗的主人是一位西方來的外國人，這位洋人與愛犬之間，心靈相通，毫無隔閡，令人稱奇。

這隻狗有一次犯錯，被主人喝斥後便牢記在心，從此只要聽到有人講「鴨」字，就會表現出驚慌害怕和做錯事的模樣。

有一天，洋人家中來了客人。主客相聚盡歡，茶餘飯後洋人提起愛犬聽到「鴨」字的反應，客人覺得這太有趣了，不可能的，主人一定是在開玩笑逗他，所以根本不信。不過客人好奇，想試試這隻狗，是否真有這種反應。

於是客人故意在狗兒面前講了一個「鴨」字，看看結果會如何？這隻狗聽到了，果然立即現出不安的表情和垂頭、垂耳、垂尾巴等肢體動作，嘴裡並發出嗚嗚的低鳴聲。

客人一看，那狗的表現分明就是做錯事求饒的模樣。的確是真的，主人家沒打妄語呢！客人覺得不可思議，於是又說了一個「鴨」字，狗狗一聽，更是顯得坐立不安，還當下站了起來；狗的舉動讓客人感到驚異，更加好奇地又說了一個「鴨」字，狗兒聽到後，低著頭，夾著尾巴出去了。

那狗兒臉上的表情和眼神所散發的信息，顯現出慚愧，和深切為自己所做的惡事，感到羞恥並知恥。

怎麼會這樣？客人覺得太神奇了。主人這才說出，日前他的愛犬曾經去追趕一隻鴨子，咬傷鴨子，還把鴨子給吃了。他很嚴厲地訓斥愛犬，因此愛犬深刻記在腦海中不敢忘。

哇！這是一隻有文化的狗耶！這麼有智慧，不但知過能改，被罵了，能知恥，還慚愧得無地自容，人類還真是萬萬不及呢！

老馬識途

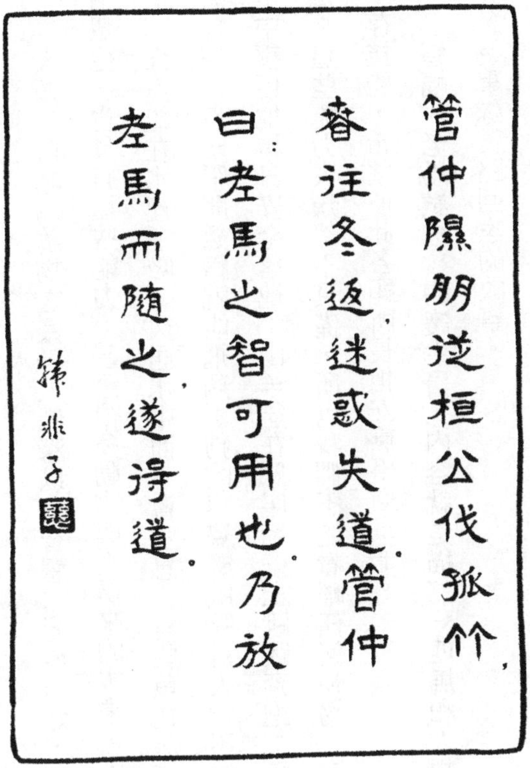
管仲隰朋從桓公伐孤竹，
春往冬返，迷惑失道。管仲
曰：老馬之智可用也。乃放
老馬而隨之，遂得道。
韓非子

管仲、隰朋從桓公伐孤竹，春往冬返，迷惑失道。管仲曰：「老馬之智可用也。」乃放老馬而隨之，遂得道。

韓非子

／老馬識途

人類，自詡為萬物之靈，人們深以有智慧，記憶力好，有條理而自豪，但許多旁生的有情眾生，也具有這些能力，甚至很多動物與生俱來的本事，人類卻絕無可能做到。

像魚能在水裡呼吸，久居水中而不會窒息，有些魚在深海中能承受其大無比的水壓仍優游自在；鳥一張開翅膀就能飛翔；狗的嗅覺靈敏勝過人類不知多少倍；貓從高處跌落，能在空中輕巧地轉身安全落地；山羊能在懸崖峭壁上跳躍奔跑；壁虎能以四肢貼著天花板倒立行走；這些能力人類都不具備，所以我們不能看輕任何動物。地球上的生物各自有生活領域和生存技能，希望彼此各顯所長相安無事過日子。

這幅〈老馬試途〉的護生畫，內容就是描寫一匹馬和人類合作無間，且以其超強的記憶力，為軍隊帶路回家的故事。

這個故事出自《韓非子》一書，敘述齊桓公當政的時代，管仲為其所用，有一次齊桓公率兵去攻打孤竹國，管仲和隰朋隨行。他們出發征戰時是春天，一路作戰和行軍，艱苦備嘗。軍旅生活危險困乏，日子並不好過，春去秋來，不知不覺時序已來到地凍天寒的冬季，大軍才班師回朝。在回國的行軍途中，四野茫茫，大雪紛飛，分不清東西南北，軍隊迷路了，不知該往哪裡走？

隨齊桓公出征的大將們正為此傷透腦筋，這時，管仲說道：「國君，讓那匹老馬帶路吧！春天時牠跟著我們一起出來，一路相隨著。牠記得路的，讓牠帶我們回家吧！」

果然，管仲沒有看錯，這馬可是征戰沙場的識途老馬；走過多少征途，看過多少殺伐的場面，早已能處變不驚，讓牠在軍隊前帶路，大軍隨著牠的腳步前進，牠能帶大夥回到正確的方向。

老馬終能不負眾望，安全地將大軍帶回齊國。這是因為老馬的記憶力好，又有方向感，更有自信，能託付重任。

人在困惑的時候，可以像這匹識途老馬學習，冷靜地運用智慧，就能安全脫困。

駝知水脈

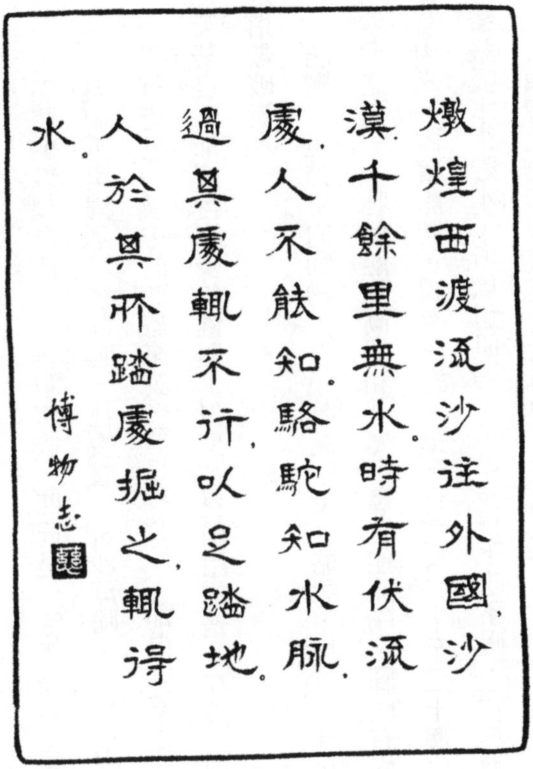

燉煌西渡流沙往外國，沙漠千餘里無水。時有伏流處，人不能知。駱駝知水脈，過其處輒不行，以足踏地。人於其所踏處掘之，輒得水。

博物志

／駝知水脈

從新疆的敦煌向西行，一眼望去，四周是一望無際的戈壁大沙漠。

大漠，千里綿延，往前瞧，往後看，黃沙蒸騰，一片荒煙。

對行走於沙漠中的商旅來說，烈日和黃沙，都很危險，烈日乾烤，炎熱難當；黃沙滾滾，遮天蔽日；都讓行旅步步維艱；但是，更嚴重的是，在沙漠中若缺水，那隨時都能奪命，危險指數破表。

駱駝，是神奇的動物，人類萬萬不及。駱駝，具有一身在沙漠中生存的本事，故被稱為「沙漠之舟」。牠們能耐高溫和苦寒，鼻孔能開閉，腳底有肉墊厚皮，適合在沙漠中行走；背有肉峰，內蓄脂肪，胃有三室，第一胃室有二十至三十個水脬，可以貯水，紅血球可以大幅膨脹吸水來貯水，所以耐飢渴，可以多日不吃不喝，一旦遇到水草，可以大量飲水貯存。

人類行旅於黃沙滾滾的大漠中，要依靠最堅強的好夥伴——駱駝，來馱負行裝、食物、重物和水袋。若沒有駱駝的幫助，人類在沙漠中將會寸步難行。

除了駝重物和成為人們在大漠中的坐騎之外，在缺水的乾渴中，駱駝也是人類的救命恩人，牠們憑著本能，總能找到地下水脈，一解商旅的致命危機。

大漠的荒煙和流沙中，危機四伏，但是熱沙底下常會有水脈通過。人類很難發現地下的玄機，但是駱駝這種神奇的動物，卻可以憑著感官的嗅覺、聽覺，或感應，而正確地找到被黃沙覆蓋的地下水。然後用腳在有水脈的沙上踩踏，人們在駱駝踩過的腳印處往下挖，就能挖到救命的水。

人類做不到的，駱駝做到了。所以駱駝具備人類沒有的本能和生活的智慧。在沙漠中能如履平地，能在體內大量貯水，能耐高熱，能耐嚴寒，能耐沙塵吹襲，能耐寂寞，這種種駱駝生存必備的能力，人們都望塵莫及呢！

大自然將各種動物，安放在牠們該在的地方，然後賦予牠們在該地生活和生存的能力。所以生活在不同地域的各種動物，都有我們人類所不及的本領，也都有比人類堅強的本能。

因此，所有有情眾生，都是人類的老師，也是好朋友，更是啟發人們在困境中克服各種困難，繼續活下去的好榜樣。

狐鳴迎客

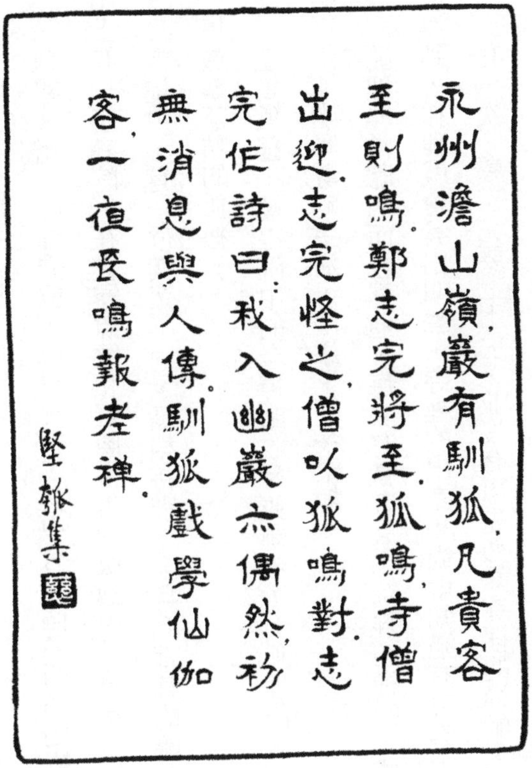
永州澹山嶺，巖有馴狐，凡貴客
至則鳴。鄭志完將至，狐鳴，寺僧
出迎。志完怪之，僧以狐鳴對。志
完作詩曰：我入幽巖亦偶然，初
無消息與人傳。馴狐戲學仙伽
客，一夜長鳴報老禪。
堅瓠集

永州澹山嶺，巖有馴狐，凡貴客至則鳴。鄭志完將至，狐鳴，寺僧出迎。志完怪之，僧以狐鳴對。志完作詩曰：「我入幽巖亦偶然，初無消息與人傳。馴狐戲學仙伽客，一夜長鳴報老禪。」

堅瓠集

／狐鳴迎客

湖南永州，山峰秀麗，風景優美，其中有一個名叫澹山嶺的地方，與世隔絕，更顯幽靜。山上有一座寺院，在雲霧繚繞和青蔥古木的環抱中，更是宛如仙境。

寺院中，有一位與眾不同，長相特別，全身毛茸茸的嬌客，在那長期掛單。這位嬌客是一隻機靈慧黠的狐狸。

這隻狐狸，被寺院中的老禪師收養並馴服了。狐狸出入寺院，來去自如，活潑的身影，給寺院清幽雅靜的生活，增添了許多樂趣。

狐狸非常聰明而且靈通，每次有賓客來寺院拜訪禪師，或是有信徒來寺燒香拜佛，客人還沒到，狐狸就會發出叫聲，寺裡的出家和尚就知道有貴客上門來了。

有一次，鄭志完要上山去，並沒有事先通知寺裡的禪師，他一個人優遊自在地漫步而行，緩緩地往山上走去，一路愉快地遊賞美麗的風光。快走到寺院時，見到路旁的林子裡有一隻狐狸，狐狸看著他，發出了一陣叫聲，彷佛在跟他打招呼似的。這隻狐狸鳴叫完，還跟在他身旁，陪他走了一小段路，才消失了蹤影。

剛來到寺院的山門口，鄭志完就見到禪師笑容滿面地迎接他，好像早就知道他要來，還知道他已經走到山門口了，所以好整以暇地等在那兒。

鄭志完很詫異，就請問禪師這是怎麼回事？難不成禪師有千里眼或是順風耳？

禪師笑著問他說：「施主，剛才你有沒有聽到狐狸在叫？」

鄭志完回答：「是有一隻狐狸在我身邊叫！」

禪師又說：「狐狸就是在通知我們有貴客上門了。」

禪師向鄭志完解釋說，狐狸是寺裡馴養的，現在已成了寺院的「報馬仔」了。任何時候有人來，狐狸都會通知呢。

哈！哈！真是有趣啊！鄭志完覺得太神奇了！這狐狸實在聰明，又能跟寺院裡的和尚如此要好，宛如家人般，真難得啊！他高興地進入寺院裡，一時興起，提筆寫了一首詩，詩云：

「我入幽巖亦偶然，初無消息與人傳。馴狐戲學仙伽客，一夜長鳴報老禪。」

鶴能檢書

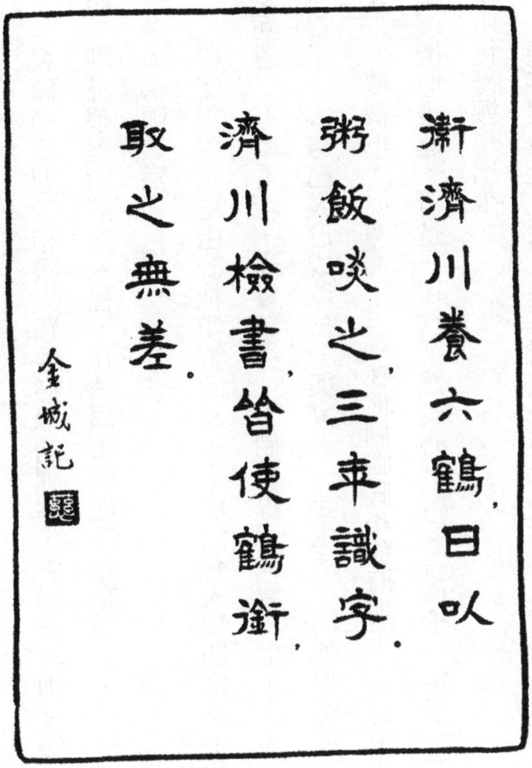
衛濟川養六鶴，日以
粥飯啖之，三年識字。
濟川檢書，皆使鶴銜，
取之無差。
金城記

衛濟川養六鶴，日以粥飯啖之，三年識字。濟川檢書，皆使鶴銜，取之無差。

金城記

／鶴能檢書

只聽過體型長相跟人類很形似的猩猩，經過多年訓練後，能識字，能辨色、能做迷宮遊戲；訓練猩猩的這些過程，在美國國家地理雜誌頻道，或是商業電影中也拍攝過，播出過，很多人都觀賞過。

研究猩猩，是由於牠們智商高，平均約有人類四歲孩子的智能；試想想，四歲的孩子活潑可愛，好動愛玩，古靈精怪；人們常說三歲看一生，小孩子長到三歲，生活學習了一千多個日子，人格已經形成；孩子與家人一起生活，與外界鄰居及親友接觸，看電視、電影，該學的、該聽的、該看的，全都在他們眼底和腦海裡了，只是年紀小，還不會表達，也不需要，更沒機會表達。但是一切均了然於心，影響著孩子一輩子。三歲前學習到的種種，會在這一生中慢慢顯現出來。

猩猩很像人，跟人的基因幾乎完全一樣，只有些微差異而已；人們研究猩猩想從牠們身上更了解人類；但是鶴，對人類來說，是很神祕的動物。鶴這有情眾生，如此優雅，牠腦海裡在想些什麼?牠許多行為有什麼意義，人類都不明白，更別提鶴的語言、思想、對方向的認識，以及鶴夫妻為何會如此恩愛，可以為另一半殉情，這種感情的深厚來自於牠腦中那一個點或神經系統了。

自古，中國文人愛養鶴，鶴的美麗和文化上的意涵，更添主人的清高和優雅。這則〈鶴能檢書〉故事裡，敘述一個叫魏濟川的讀書人，他很愛鶴，家裡養了六隻鶴，陪著他讀書、遊賞。他疼愛鶴，每天餵牠們吃粥；鶴也聰明乖巧，與魏濟川互動良好。魏濟川甚至訓練他的愛鶴能聽懂字，以及認識字。這可不是簡單的事，不知他是怎麼做到的，可見他是一位有教學技巧的好老師。

他花了三年時間教會鶴認字，從此，只要他想讀哪本書，只要對鶴說一聲，鶴就能到書房裡將那本書銜過來給他，從來都沒拿錯過。

這鶴厲害，文化如此之高，為牠拍手。魏濟川沒白疼牠們，可以想見這六隻鶴當時一定名聞遐邇，讓主人風光一時，才有機會留名青史。

人類，真的不能小看各類有情眾生，要多多學習牠們的單純和專注，要懂得欣賞牠們的美和好，更要尊重牠們、愛惜牠們，才不愧為萬物之靈哪！

歸山

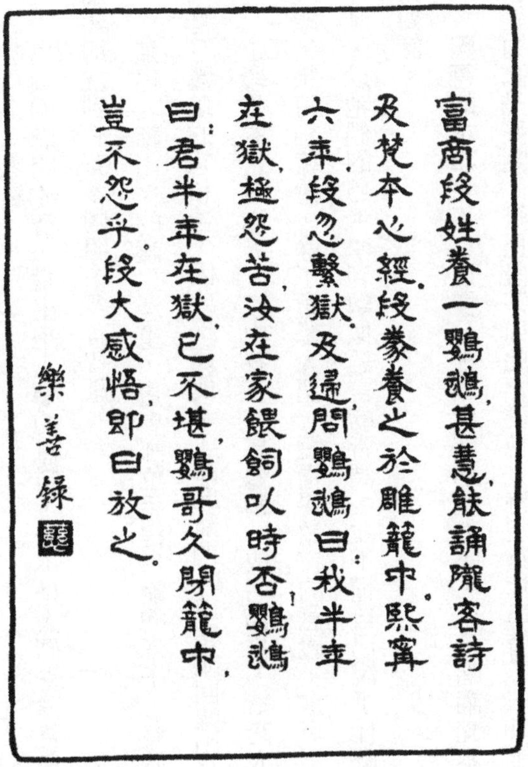

富商段姓養一鸚鵡，甚慧，能誦隴客詩及梵本《心經》。段豢養之於雕籠中。熙寧六年，段忽繫獄。及逮，問鸚鵡曰：「我半年在獄，極怨苦。汝在家餵飼以時否？」鸚鵡曰：「君半年在獄，已不堪。鸚哥久閉籠中，豈不怨乎？」段大感悟，即日放之。

樂善錄

／歸山

鳥類的聰明才智，常出乎人類的意料，若不是人們喜愛養鳥自娛，我們可能永遠不知道這些鳥類朋友到底有多聰明，多有智慧。

這幅〈歸山〉的護生漫畫，畫中那位手提鳥籠的漢子，終於省悟，對鸚鵡產生了同理心，感同身受鸚鵡的怨和苦，因此提起籠子，打開籠門，放鸚鵡回歸山林。故事是這樣的，宋朝的時候，有一位段姓的富有商人，家中養了一隻鸚鵡，取名鸚哥。富商太愛鸚哥了，因為這可不是一般的鸚鵡，牠特別聰慧，除了會學人語，還懂得語言的意義，這可不容易。一般鸚鵡學語，只是模仿聲音，以牠們的巧舌學到類似語言的音調，並不懂自己說了什麼，更別提了解語意之後，還能與人對話。

鸚哥的本事可不只這樣，牠還會朗誦隴客詩，以及唱誦梵本的《般若波羅密多心經》，其語言能力真是好啊！難怪段某如此疼愛牠，特別為牠準備了一只雕工細緻美輪美奐的籠子，以匹配這隻愛鳥。

漢朝鄭玄撰《禮記註》，有云：「鸚鵡，鳥之慧者。」可見鸚鵡在鳥類中是聰慧的，在鸚哥身上就見證了。

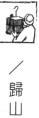

宋神宗熙寧六年，段某可能因為商場上一些恩怨，被人告上官府，還被判刑，在獄中待了一段時間。坐牢的日子難熬，段某平時過慣好日子，在牢裡簡直度日如年。好不容易熬到出獄，他一回到家，就對那隻心愛的鸚鵡說：「鸚哥呀！我可回來了！在牢裡半年，真是受盡苦楚，整天唉聲嘆氣，實在怨啊！你在家可舒服？每天有沒有按時吃東西啊？沒餓著吧！」

鸚鵡聽主人這麼說，竟然回答他：「主人啊！你在牢裡半年，就這麼痛苦不自在，無法忍受。請您想想，我鸚哥長久被關在籠子裡，跟坐牢有什麼兩樣？我能不怨嗎？」

段某一聽，心想，鸚哥說得極是！因為自己有過坐牢的經驗，此時他以同理心去想像鸚哥關在籠子裡也狀似坐牢，怎會快樂呢？

於是，他打開籠門放鸚哥回歸山林，給牠完全的自由，一如自己也喜愛自由。

鸚鵡課誦

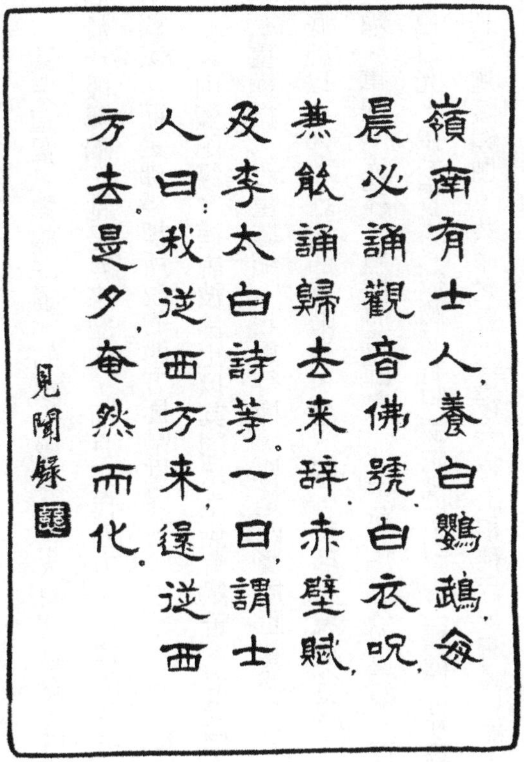
嶺南有士人，養白鸚鵡，每
晨必誦觀音佛號，白衣呪，
兼能誦歸去来辭，赤壁賦，
及李太白詩等。一日，謂士
人曰：我從西方来，還從西
方去。是夕，奄然而化。
見聞錄

嶺南有士人，養白鸚鵡，每晨必誦觀音佛號、〈白衣咒〉，兼能誦〈歸去來辭〉、〈赤壁賦〉，及李太白詩等。一日，謂士人曰：「我從西方來，還從西方去。」是夕，奄然而化。

見聞錄

／鸚鵡課誦

閱完這幅〈鸚鵡課誦〉的護生漫畫，讓人有個直覺，就是畫中這隻鸚鵡，非同凡響，不同於一般鸚鵡，牠是有來歷的，而且來自西方。這裡的西方，可不是我們所理解的歐美等西方國家，而是佛經裡所說的西方極樂世界。

《阿彌陀經》裡說彼佛土以其國眾生無有眾苦，但受諸樂，故名極樂。彼極樂國土中，有七重欄楯、七重羅網、七重行樹，皆是四寶周匝圍繞，又有七寶池，八功德水充滿其中，池底純以金沙布地。四邊階道，金、銀、琉璃、玻璃合成。上有樓閣，亦以金、銀、琉璃、玻璃、車磲、赤珠、馬瑙而嚴飾之。池中蓮花，大如車輪，青色青光、黃色黃光、赤色赤光、白色白光，微妙香潔。彼國又有阿彌陀佛所幻化之種種奇妙雜色之鳥——白鶴、孔雀、鸚鵡、舍利、迦陵頻伽、共命之鳥，晝夜六時出和雅音，演暢五根、五力、七菩提分、八聖道分如是等法，令其土眾生聞是音已，皆悉念佛、念法、念僧。

這隻白色的鸚鵡，為何來自西方呢？因為牠每天早晨必定會念誦：「南無觀世音菩薩，南無觀世音菩薩……」念此佛號一段時間後，改念誦〈白衣神咒〉。除此，這隻白鸚鵡，還會朗誦〈歸去來辭〉、〈赤壁賦〉，以及詩仙李白所作的許多詩。

這些應該不是鸚鵡的主人教的，是牠天生就會的。由此看來，這鸚鵡前世不但是個飽讀詩書的士人，也是位修行人，已經修行到某個境界。這世投胎為鸚鵡，可能是倒駕慈航，來世間完成某種任務的。

白鸚鵡每晨課誦，日復一日，從不停止。主人聽熟了，也不以為怪。鸚鵡在念誦時，主人全家都聽著，心裡自然而然也會跟著念。

忽然，有一天，鸚鵡告訴主人說：「我從西方來，還從西方去」。主人雖是個讀書人，但非佛門中人，也不一定聽得懂這句話的意義。當天晚上，白鸚鵡無疾而終，隨大化而去。

原來，牠告訴主人的話，是讓主人知道，牠從哪裡來，要往哪裡去。任何有情動物，包括人，能修到清楚自己是從哪裡來的，化去後會往哪裡去，這可是不容易的；要修到清淨無為，全然放下的化境，才有這可能。

鸚鵡每日念佛號和念經咒，那是前生的習性，今生還能清楚明白的持續修行，已經不是一般凡人了。鸚鵡從西方倒駕慈航而來，應是來度化牠的主人的。牠的主人是何許人也？在此故事中沒有詳細交代，只說他是住在嶺南地方的讀書人，想必是一位與佛有緣的人。

鵝聽講經

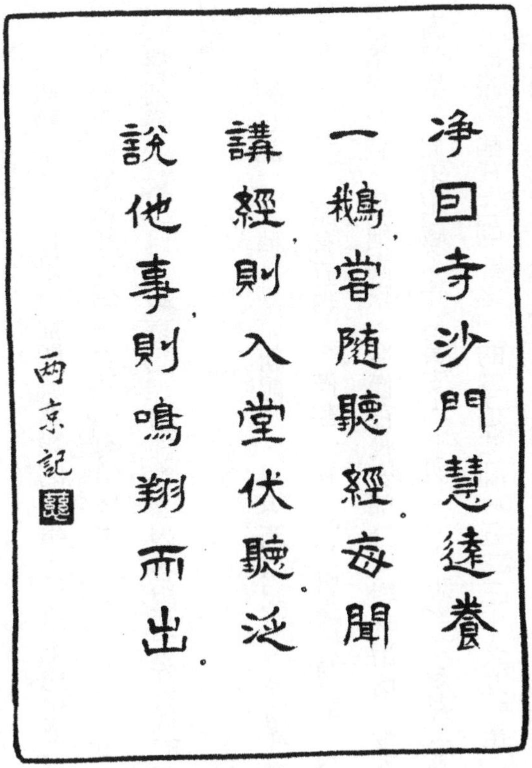
淨因寺沙門慧遠養
一鵝，嘗隨聽經。每聞
講經，則入堂伏聽。泛
說他事，則鳴翔而出。
兩京記

淨因寺沙門慧遠養一鵝，嘗隨聽經。每聞講經，則入堂伏聽。泛說他事，則鳴翔而出。

兩京記

／鵝聽講經

〈鵝聽講經〉也是一幅關於禽類的故事，這飛不遠也飛不高的鵝，很有人性，更有靈性，是一隻神奇的愛聽和尚講經說法的有情眾生。

這則護生畫出自《兩京記》這部書。內容說的是當代的高僧慧遠法師和一隻愛聽經的鵝的事蹟。

《兩京記》又稱《兩京新記》、《東西京記》，為唐代韋述所撰，成書於唐玄宗開元十年（七二二年）。原有五卷，今僅存一卷。內容對隋代開皇、大業至唐代開元年間的西京長安、東京洛陽並載，故稱兩京，今僅存長安部分。對其街坊、官舍、園林及時人掌故多有記載，頗有時譽。北宋宋敏求著《長安志》與《河南志》多參考《兩京新記》。

話說「隨代三師」之一的慧遠法師（五二三—五九三年）在淨因寺講經說法時，他飼養的一隻鵝，會搖搖擺擺地，穿堂入室走到講堂，找個位置，安靜地伏在地上，專心聽講。講堂上其他聽經的法師和信眾，早已見怪不怪，更不會有人把牠趕出去。

這隻愛聽經的鵝，可能前世是個修行人，這世受因果業力牽引投胎為鵝，但習性未改，不忘念經聽經的功課，雖身為鵝，還繼續前世的修行，所以聽到講經，很自然地就來了，也很自然地就安靜了。另一可能的推測，若鵝前世不是修行人，只是今生與慧遠法師結緣，雖為鵝身，沒有人形，但是在慧遠法師身邊日久，受大師的薰陶，受佛法的洗禮，經常聽到出家人課誦經文，自然而然也隨著法師們聽聞佛法。聽多看多了以後，牠已愛上佛法，佛法也讓牠改變了鵝性，成為佛教信鵝。

鵝愛聽經？牠真的能聽懂嗎？說也奇怪，慧遠大師在講經時，鵝走進來安靜聽講；大師講完經，在與聽經的人談別的事情時，鵝就會起身，嘎嘎叫幾聲，並拍拍翅膀，走出講堂，不聽了。由此可見，這鵝當然聽得懂經文，否則怎會知道何時該離開呢？

世間事無奇不有，鵝愛聽經，也就不稀奇了！

鵝聽課誦

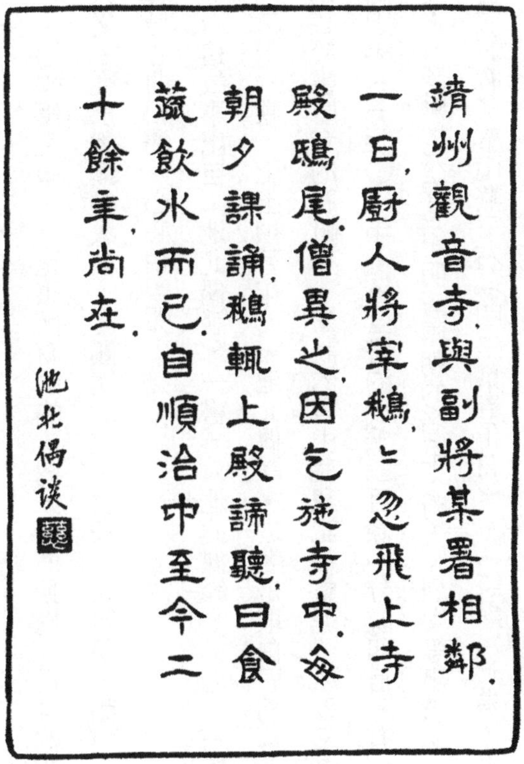
靖州觀音寺與副將某署相鄰
一日廚人將宰鵝ㄟ忽飛上寺
殿鴟尾僧異之因乞施寺中每
朝夕課誦鵝輒上殿諦聽日食
蔬飲水而已自順治中至今二
十餘年尚在
池北偶談

靖州觀音寺，與副將某署相鄰。一日，廚人將宰鵝，鵝忽飛上寺殿鴟尾。僧異之，因乞施寺中。每朝夕課誦，鵝輒上殿諦聽，日食蔬飲水而已。自順治中至今二十餘年，尚在。

池北偶談

／鵝聽課誦

這幅護生畫，又是跟鵝有關的。鵝，這種動物，長得乾乾淨淨，美麗優雅，還真是人見人愛。從前養鵝的人多，有關鵝的故事也多，人與鵝，鵝與人，在子愷先生的護生故事中，真是心曲相通，心心相印呢！

這故事出自《池北偶談》一書。《池北偶談》又名《石帆亭紀談》，是清代筆記小說，凡二十六卷，王士禎著作。《池北偶談》之名是取白居易《池北書庫》。因王士禎常與客友聚談於書庫旁的石帆亭，聚談內容由兒輩記錄整理，所以又名《石帆亭紀談》。成書於康熙四十年（一七〇一年），全書約一千三百條，分成四目。有《談故》四卷，敘述清代典章制度；《談獻》六卷，記明清兩朝的名臣、畸人、烈女等事蹟；《談藝》九卷，多論文；《談藝》首次記載了泰山燕子石（即三葉蟲化石）；《談異》七卷，專記怪事。

這幅護生畫〈鵝聽課誦〉，內容敘述湖南省靖州府有一座觀音寺所發生的事。這座寺院緊鄰著當時一位副將的官署，有一天，將軍府中的廚子，在擬定的菜單計畫要做一道鵝肉料理。當廚子前往畜欄捉鵝時，這隻鵝可能接收到危機的訊息，知道自己性命堪憂。當廚子殺氣騰騰地接近牠時，這鵝竟然展翅飛起，而且一飛衝天，飛上了隔壁觀音寺飛簷的鴟尾上。

怎會發生這種事？廚夫都傻眼了！平時鵝哪能飛那麼高？但此刻為了逃命，竟發揮潛能，使盡全身力氣，飛到鄰家的屋頂上。

廚夫在地上叫著，要鵝快飛下來。鵝嘎嘎地回應著說：「才不要！」。要鵝飛下來送命，那當然不可能，好不容易才逃這麼遠，鵝才不會傻傻地就範。

鵝這一鬧，不僅驚動了將軍府的人，也引起了觀音寺裡面出家人的注意。寺裡的和尚覺得這鵝真神奇，牠的舉動太不可思議了，一般鵝哪知自己要被殺，而牠就知道，在危急時就逃命了。

也是這鵝命不該絕，與觀音寺有緣；於是寺裡的和尚，去將軍府商量，請求將軍放過這隻鵝，觀音寺願意收養牠，讓鵝住在寺院裡。將軍應允了。

這鵝就在觀音寺住下來，跟著和尚出家了。牠還真做一行像一行，每天寺院裡不論早課晚課，只要鐘聲響起，鵝必定會到大殿聽和尚念經課誦。牠安安靜靜地，不吵不鬧，像極了一隻出家鵝。

這隻出家鵝，也跟著和尚們吃素，與和尚們一起修行。

這件奇聞，是發生在清順治年間的中期，到此逸事被記錄到《池北偶談》一書時，已經有二十餘年，那鵝還在呢！

雞不食生

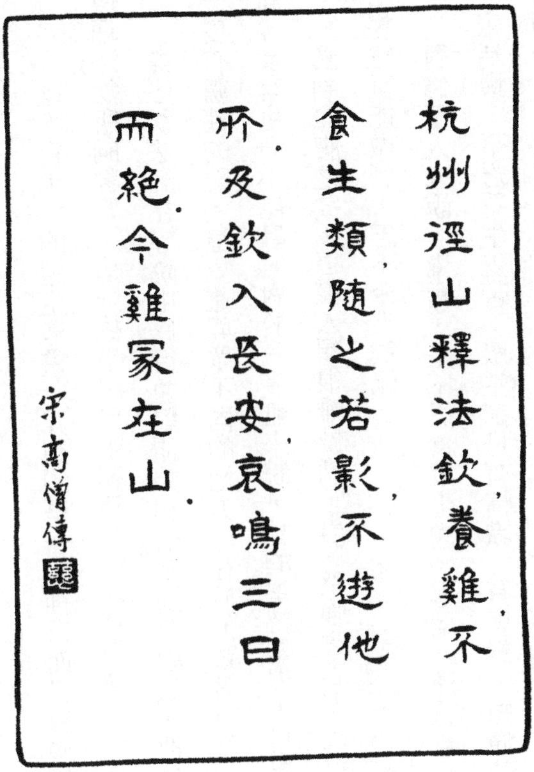
杭州徑山釋法欽，養雞，不
食生類，隨之若影，不遊他
所。及欽入長安，哀鳴三日
而絕。今雞冢在山。
宋高僧傳

杭州徑山釋法欽，養雞，不食生類，隨之若影，不遊他所。及欽入長安，哀鳴三日而絕。今雞塚在山。

宋高僧傳

／雞不食生

〈雞不食生〉的護生漫畫，介紹的是一隻神奇而又有靈性的的雞。這隻特別的雞，是高僧釋法欽所飼養的。這則故事出自宋朝時候的《高僧傳》一書。

釋法欽法師在寺院中修行並對徒弟和信眾講經說法。他身邊有一個隨從，不是人，而是一隻有靈性的雞。這隻雞與眾不同的地方，在於他跟著寺院裡的和尚吃素，從來不會出去外面啄食有生命小昆蟲。對於一隻雞來說，牠的堅持是很不可思議的。

節制口腹之欲，這種人類很難做到，需要堅強意志力，被視為個人修行方法之一的素食，這隻雞竟能做到，怎不令人欽佩！

對修行人來說，素食，是不忍食眾生肉，那是一種慈悲心和慈悲行的表現。行者，總是慈悲為懷，不忍眾生受苦；眾生都是有情識、有思想、知痛苦，會驚慌害怕，也是貪生怕死的動物，所以叫有情。

修行人素食不稀奇，但是雞素食，真是奇聞了。一般野放的雞，吃種子、樹子、草地裡的各種蟲子、土裡的小昆蟲等等。牠們一邊啄食，一邊咕咕咕地叫著，進食愉快呢！

釋法欽法師養的這雞隻，竟然能感應到有情眾生的痛苦哀嚎，而不吃牠們，這真的是很神奇的事。

此雞隨著法師住在寺院，而且時時跟隨在法師身邊，從來不會獨自離開法師跑到別的地方去。這雞和法師如影隨形，難分難解。牠已經不只是法師的小跟班而已，簡直就像法師的侍者和影子了。

有一天，釋法欽法師要離開杭州徑山的寺院，到長安去。路途遙遠，無法帶著這隻雞同行，只好向牠告別，獨自上路去了。

沒想到，這隻雞見不到主人，心中傷痛欲絕，惶惶然不可終日，也足足哭叫了三日，終於死了。寺院的僧人將雞埋葬在山上，雞塚至今還在。

這雞對法師的感情，和對修行的堅持，叫人難以想像。失去了導師，讓牠痛不欲生，決心早日登臨極樂世界，等著將來再與法師相會。

魚誦佛號

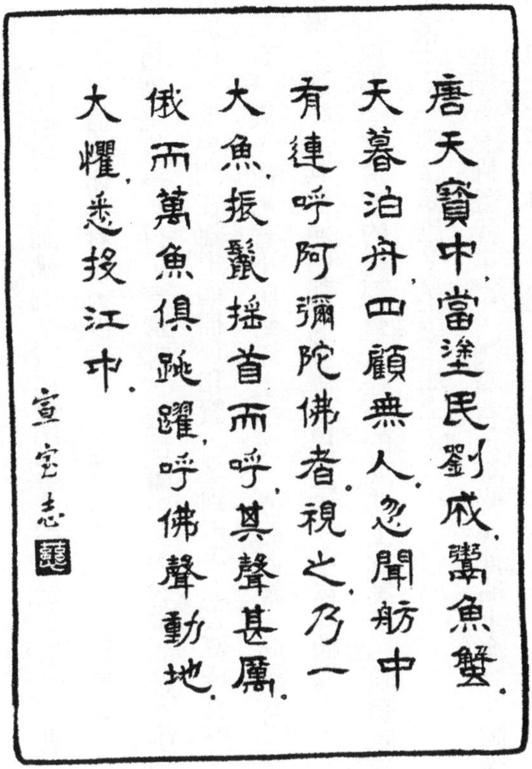
唐天寶中當塗民劉成鬻魚蟹
天暮泊舟四顧無人忽聞舫中
有連呼阿彌陀佛者視之乃一
大魚振鬣搖首而呼其聲甚厲
俄而萬魚俱跳躍呼佛聲動地
大懼悉投江中
宣寶志

唐天寶中，當塗民劉成，鬻魚蟹。天暮泊舟，四顧無人。忽聞舫中有連呼「阿彌陀佛」者。視之，乃一大魚，振鬣搖首而呼，其聲甚厲。俄而萬魚俱跳躍，呼佛聲動地。大懼，悉投江中。

宣寶志

／魚誦佛號

水中的魚，會誦佛號？有這樣的事？不可能？但是，真有哩！信不信由你。看官，告訴你，這事兒還不假！不信就看看下面這一則故事吧！

這護生故事出自《宣寶志》這部書中。內容說的是在唐朝天寶年間，當塗這個地方有一位漁民，他專門在江上網捕魚和蟹，拿到市場上去賣錢養家。

有一天，他駕著小船到江上捕魚，滿載而歸。回航時，天已經黑了，他將漁船停泊在江岸邊。那時，其他漁船都走了，暮色蒼茫，江邊四顧無人，天地之間安靜無聲。

忽然，他清楚的聽到有人在他的漁船上念誦：「阿彌陀佛！阿彌陀佛！阿彌陀佛！阿彌陀佛……」咦？是誰？是誰在船上？

他循著念佛聲找了去，想看看是誰躲在他船上念誦「阿彌陀佛！」一看之下，竟然不是人，而是一條大魚！

怎麼會！漁夫這一驚非同小可！莫非他看花了眼！再定睛看去，果然沒錯，真的是一條大魚在唱誦佛號！

那條大魚一邊連聲唱誦著「阿彌陀佛！阿彌陀佛！阿彌陀佛！阿彌陀佛……」還一邊抖

動著牠身側的　魚鰭；佛號聲加上魚鰭的抖動聲，聲音非常淒厲！大魚似乎在傳遞著什麼訊息，而且甚是急迫。其音調淒切，讓人不忍聽聞。

就在大魚口中不斷念佛號及身體抖動之時，船上所有的魚不約而同地，全部從船上跳躍起來，並且跟著大魚唱誦「阿彌陀佛！阿彌陀佛！阿彌陀佛！阿彌陀佛……」呼唱佛號的聲音驚天動地。

這位漁人真是嚇到了！趕緊將船上所有的魚，都放回江中，一條也不敢留。

這麼神奇的事！真令人不敢相信呢！那條帶頭唱誦「阿彌陀佛」的大魚，定非凡魚，而是阿彌陀佛派牠倒駕慈航來世間救苦救難的，是一位魚菩薩呢！

鶴語

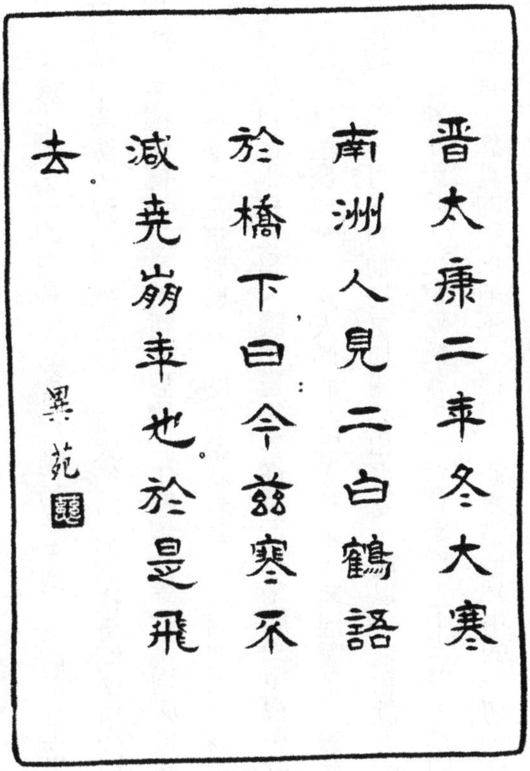
晋太康二年冬大寒
南洲人見二白鶴語
於橋下，曰：今茲寒不
減堯崩年也。於是飛
去。
異苑

晉太康二年冬，大寒。南洲人見二白鶴語於橋下，曰：「今茲寒不減堯崩年也。」於是飛去。

異苑

／鶴語

《護生畫集》的內容中，都是以動物為主角；子愷先生蒐羅古籍中有關動物的懿行懿德、古詩詞中吟詠美好的自然詩篇、古大德有關動物奇聞逸事的紀錄、古代知名禪師護生戒殺的禪詩、中國儒釋道三家的哲學思維、生態觀念等等，均與自然、文學及動物相關。

這些故事，都溫馨感人，閱畫讀詩者若能以同理心、慈悲心去領略其中篇章，每每被感動得不能自已！這就是《護生畫集》從發行以來廣受重視與歡迎的原因。

讀《護生畫集》，讓人們的心變柔軟了，變溫暖了、變慈悲了、變得易於感動了，也對美麗的自然，可愛的動物更加關心和喜愛，能以疼愛和歡喜的心腸去對待了。還有，見到地上有螞蟻和小蟲時，也會放慢腳步，刻意避過，不去傷害牠們。

看官，您真的跟以前不一樣了，您愛惜自然中的一切，這樣的心，使您的人生和待人處事的方式改變了，您成為一位更可愛的人，讓人對您刮目相看了！

總之，《護生畫集》是一部「愛的畫集」，內容講述和描繪的均為大愛，一個人胸中有大愛，難怪連談吐舉止都跟從前判若兩人了。

因為胸中有大愛，像這幅〈鶴語〉的護生漫畫，您讀了就會完全接受，認為世間原來無奇不有，您沒見到、遇到的事，不見得不存在；別人見到了，將其記錄下來，您有緣藉著子愷先生的畫和古詩詞來認識這神奇的世界，您感到很歡喜，因為您的眼界開闊了、您的世界變大了，您寧可信其有，而不再懷疑和不屑了。那是由於您胸中有大愛，能寬容、能理解了。

這個故事發生在晉朝太康二年的冬天，那年真不是好年冬，不但天寒地凍的，還戰禍連連，老百姓的生活實在不好過。

當時，在湖南南州這個地方，有一個人有一天正好經過一座橋，忽然見到橋下有兩隻白鶴在說話，而且說的是人話。這事兒在從前，您是不會信的，可現在您就信了，您心胸變寬大了。

那兩隻鶴說：「戰爭還在打呢！日子不好過，老百姓心都寒了！今年冬天又特別冷，這人心冷加上天冷，不輸給堯帝崩逝那一年呢！」那兩隻鶴說完話，展翅飛走了。

鶴會用人語批評時局，很神奇吧！牠們一定不是凡間的鶴，而是天上下凡的仙鶴呢！能聽到仙鶴說話的人，是有殊勝因緣的！遇上這麼稀奇的事，還真是不容易呢！

長鳴雞

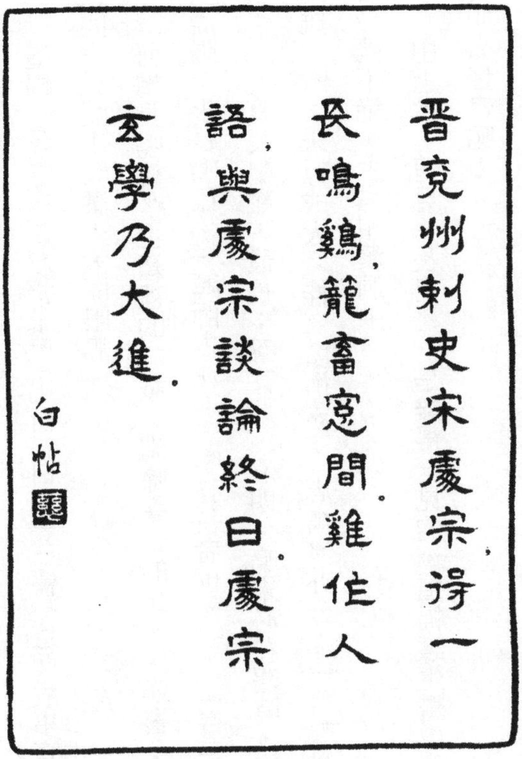
晉兗州刺史宋處宗，得一長鳴雞，籠畜窗間。雞作人語，與處宗談論終日。處宗玄學乃大進。
白帖

晉兗州刺史宋處宗，得一長鳴雞，籠畜窗間。雞作人語，與處宗談論終日。處宗玄學乃大進。

白帖

／長鳴雞

這幅〈長鳴雞〉的護生畫，出自《白帖》一書。這個故事真是神奇！一隻會談書論道的雞，世間少見呢！真讓人大開眼界。

何謂長鳴雞？古籍裡的記載，謂啼聲長的雞。《漢書・昌邑哀王劉髆傳》有云：「賀到濟陽，求長鳴雞。」顏師古注：「鳴聲長者也。」；《齊民要術養雞》引漢楊孚《異物志》云：「九真長鳴雞，最長；聲甚好，清朗。鳴未必在曙時，潮水夜至，因之並鳴，或名曰伺潮雞。」；宋范成大《桂海虞衡志・志禽》亦云：「長鳴雞，高大過常雞，鳴聲甚長，終日啼號不絕，生邕州溪洞中。」

由上述，可見「長鳴雞」是難得一見的。這幅護生畫中的長鳴雞，是一隻怎樣的雞呢？真叫人好奇呢！

話說在晉朝時候，兗州刺史宋處宗，有一次得了一隻雞，這雞就是少見的長鳴雞。

宋處宗將這隻長鳴雞，養在一個籠子裡，這個雞籠就掛他書房的窗臺上。宋處宗每天讀書寫字時，望向窗口，就能見到這隻雞。一人一雞的感情也與日俱增，最後變成極好的朋友。

這位雞朋友，有一天竟開口說話了。不知這雞是天生就會說人話，還是忽然被附身說起人話。總之，這雞不但會人語，說得還頭頭是道。雞與宋處宗對談，就像兩個有學問的人在談書論道一般，這樣的事傳揚開去，豈不是像神話一般嗎？難怪會被專蒐奇聞逸事的人給記錄下來。

宋處宗每日與長鳴雞對談，經常談論終日而不知長日將盡。在每日的對談中，雞顯然是一位是飽學之士，說的話都極有條理和智慧，也給了宋處宗許多啟發。讓他在研究玄學上有了長足的進步。

這隻長鳴雞，分明是神仙化身來的，以雞的形體來與宋處宗結緣，以玄學的理論來吸引和啟發宋處宗，並度化宋處宗。

世間能有宋處宗這樣的人，才會有長鳴雞這樣的神雞！如此奇緣，是可遇不可求的，你我就與神雞無緣呢！或許好好修行，你我家的寵物，也有一天開始能與我們像朋友師長般對談，指引我們生活，開發我們的智慧！這不無可能喔！

蛇鳴得金

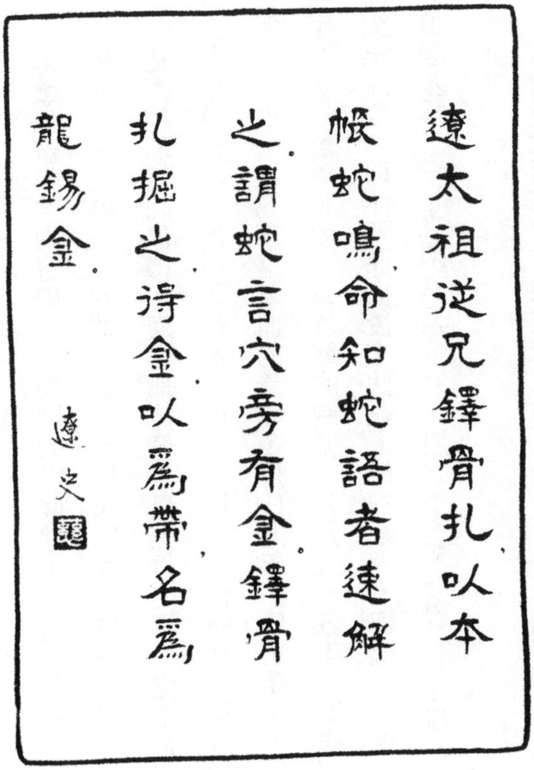
遼太祖從兄鐸骨扎以本
帳蛇鳴命知蛇語者速解
之謂蛇言穴旁有金鐸骨
扎掘之得金以爲帶名爲
龍錫金
遼之

遼太祖從兄鐸骨扎，以本帳蛇鳴，命知蛇語者速解之。謂蛇言穴旁有金。鐸骨扎掘之，得金，以為帶，名為「龍錫金」。

遼史

／蛇鳴得金

《護生畫集》內容中，一則則的奇聞逸事，真是讓人愈讀愈有趣了。

這則〈蛇鳴得金〉的護生畫，子愷先生取材自《遼史》。遼，對於漢人來說，是外族。

遼太祖耶律阿保機，漢名耶律億，是契丹的第一位皇帝，在位十年。他於西元九〇一年被立為軍事首領，後不久被選為酋長。以武力征服契丹附近的地區，擄掠了許多漢人。九〇七年二月他被選為部落聯盟的首領，連任九年。任用漢人，採納他們的建議，決定要將這種三年一次的選舉制度改為世襲的制度。公元九一五年，耶律阿保機出征室韋得勝回國，但被迫交出汗位。耶律阿保機後來伏殺了他的敵人，統一了契丹各個部落。九一六年三月耶律阿保機登基稱皇帝，立國號「契丹」，建立「大契丹國」。九四七年遼太宗耶律德光改國號為「大遼」。

話說遼太祖耶律阿保機和他的兄長鐸骨扎，兩人在征戰途中，有一次在行軍時的指揮帳中，聽到有蛇不斷地嘶嘶鳴叫。

遼太祖和鐸骨扎兩人，不愧是英雄好漢，見到蛇不但不害怕，還覺得這蛇叫聲異於常情，他們仔細聽了，心想這蛇必定是有什麼事要告訴他們，只是他們聽不懂。遼太祖令身邊的隨從，找來一位懂蛇語的人，命他趕緊聽一聽，到底蛇在說些什麼？

那位懂蛇語的奇人聽了一會兒蛇說的話，然後對遼太祖說：「啟稟大王，這蛇說，蛇穴旁有黃金。」

遼太祖聽了，覺得非常神奇，這蛇是來支持他征戰的，在途中給他送黃金來了。於是命鐸骨扎挖開蛇穴旁的地洞，果然見到洞中有黃金。他將這蛇贈與的黃金，打造一條腰帶，掛在腰間，並為這條金腰帶命名為「龍錫金」。蛇，在中國人心目中，就是小龍的化身。

世間事無奇不有，這則護生畫〈蛇鳴得金〉，又為我們印證了一回。

我喫素

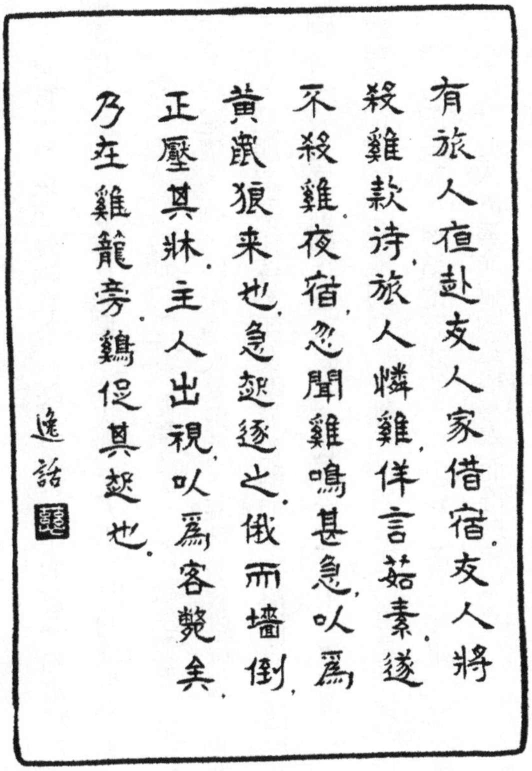

有旅人夜赴友人家借宿，友人將殺雞款待。旅人憐雞，佯言茹素，遂不殺雞。夜宿，忽聞雞鳴甚急，以為黃鼠狼來也，急起逐之。俄而牆倒，正壓其牀。主人出視，以為客斃矣，乃在雞籠旁。雞促其起也。

逸話

／我喫素

看官，如果您有認真讀《護生畫集》中的每一幅畫和每一篇題詞，一定會記得在前幾集中讀過一篇叫〈客人忙阻攔『今天我吃素！』〉的護生畫。

這篇〈客人忙阻攔『今天我吃素！』〉是《護生畫集》第三集裡的一幅畫。畫旁的題詞為：「已赴網羅遭困厄，將投湯火受驚忡。臨刑遇赦恩無極，彼壽隆兮爾壽隆。」這幅畫說的是一位旅人到朋友家作客，朋友準備殺雞加菜來招待他。他於心不忍，不希望因為他而害死一條物命，於是馬上制止主人說：「我今天吃素！」這簡單的一句話，才用了五個字，兩秒就能說完，卻救了一隻雞的命，使牠免於被殺害，真是功德無量！

畫旁的題詞，對這位慈悲的人說出善心會有善報，他救雞一命，雞免於一死，壽命增長了；這位好心人的壽命也因這樁善舉而得以添壽。

佛法的概念中，布施有三種，一為財施，二為法施，三為無畏施。財施得財富；法施得聰明智慧；無畏施得健康長壽。因為無畏施，是以慈悲心讓眾生免於恐懼。素食是屬於無畏布施的一種。不吃眾生肉，使眾生不受驚恐苦楚，可得健康長壽的果報。

這幅〈我喫素〉的護生漫畫與〈客人忙阻攔『今天我吃素！』〉有異曲同工之妙。故事說的也是一位善心人，在旅途中夜宿朋友家，友人將殺雞款待。旅人憐雞，假裝他茹素，於是友人就放開那隻雞，不殺牠了。

當晚，這位旅人睡著了。忽然聽到雞大聲的叫，聲音很急迫。雞叫聲把他吵醒了，他以為是黃鼠狼來了，想要偷襲雞，雞才會驚嚇地大叫，好像要求人來救命似的。於是他趕緊從被窩裡起來，跑去後院的雞籠查看。就在這時他住的房間，牆忽然倒塌了，轟隆一聲巨響，土牆正好崩落於他睡覺的床上。主人嚇醒，跑出來查看是怎麼回事，見此情況，心想，完了，客人肯定死在床上了。

結果，非也，貴客此時正站在雞籠旁邊，活生生地，但是一臉驚嚇。若不是這隻雞，使盡力氣地大叫，把他從床上叫起來，他此刻就喪命於客旅中，永遠都見不到家人了。

真是好心有好報！這位客人救了雞，雞也回報他，通知他危險將至，讓他也免於一死。救人等於救自己，在這裡又得到一次驗證了。

龜塡牀足

南方老人年八十，日夜臥
床上。床一足不平，拾磚填
之，誤拾一龜。老人年百歲
而死。其子拆床，龜徐步而
去，負重二十年，不飲食，不
死也。
諸子

南方老人年八十，日夜臥床上。床一足不平，拾磚填之，誤拾一龜。老人年百歲而死。其子拆床，龜徐步而去。負重二十年，不飲食，不死也。

諸子

／龜填牀足

這幅〈龜填牀足〉的護生漫畫，敘述一位老人和一隻龜的神奇遭遇，這一人一龜的緣分何其深，龜來報恩，此恩情要用二十年的時間來還。

此故事出自《諸子》一書。提到諸子，讓人想到百家。諸子，指的是中國先秦時期老子、孔子、莊子、墨子、孟子、荀子等學術思想的代表人物；百家指的是儒家、道家、墨家、名家、法家等學術流派的各家代表；諸子百家是後世對先秦學術思想人物和派別的總稱。春秋後期已出現頗有社會影響的儒家、道家、墨家、法家等不同學派，而至戰國中期，學派紛呈，眾多學說豐富多彩，為中國文化的發展，奠定了寬廣厚實的基礎。中國術語上把這一時期稱為諸子百家或百家爭鳴時期。而這幅〈龜填牀足〉的護生畫則是出自《文心雕龍‧諸子》。

這畫的內容說的是南方城市中，有一位八十歲的老人，已老邁不堪，行動不便，必須終日臥床。但是，他睡覺的那張床，有一隻床腳不平，他躺在床上一翻身，床就會搖晃，讓他躺得不舒服。於是老人就撿了一塊磚，填在床腳下，床的四隻腳平穩了，不再搖晃，他躺在床上也舒服了。

老人壽命長，在床上躺了二十年，一直到他一百歲時，才往生。他的兒子，悲傷地辦完了喪事，開始清理老人家房間裡的物品。最後拆除老人睡覺的床鋪時，抬起了床腳，一隻烏龜緩緩爬了出來，慢慢地走了出去。

老人的家人，一定很難相信這樣的事。他們記得二十年前，老父親提起過找了塊磚填床腳的事，沒想到老父親找來的不是磚，而是一隻烏龜。這隻烏龜，被當成磚用來塞床腳，二十年時間，不吭不叫；不吃不喝，竟能不死！

這是多麼不可思議的事啊！這龜簡直就是神龜來著。龜雖是長壽的動物，新陳代謝慢，需要的食物和能量不多，但二十年不吃不喝，也太神奇了！龜被床和老人重壓著，負重已不容易，還要餓著肚子工作，又失去自由，實在命苦！就算床下偶有蚊蟲飛過，落在烏龜嘴邊，讓牠一口吞下，那也真有限，要填飽肚子是不可能的，只能說烏龜每吃一隻蚊，就得要支持他半年一年的熱量。

這隻神奇的龜，必是前世欠了老人什麼債，錢債也好、感情債也好，總之今生可以還清了。

縱鰻

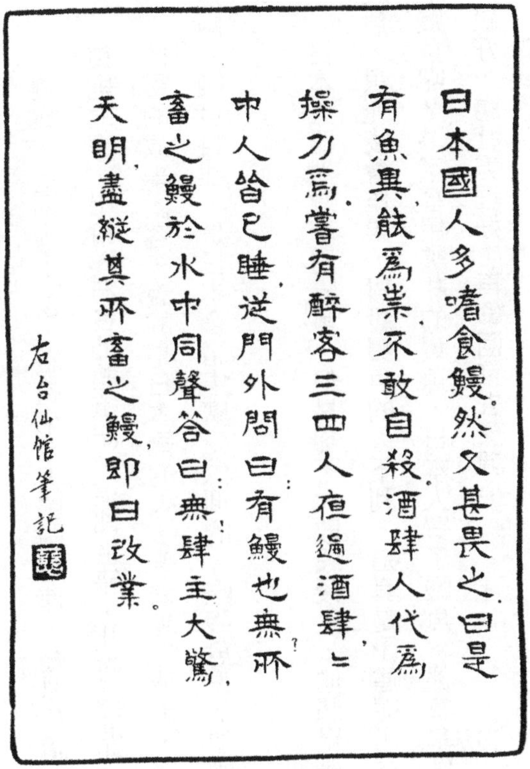

日本國人多嗜食鰻，然又甚畏之，曰是有魚異，能為祟。不敢自殺，酒肆人代為操刀焉。嘗有醉客三、四人夜過酒肆，肆中人皆已睡。從門外問曰：「有鰻也無？」所畜之鰻於水中同聲答曰：「無！」肆主大驚，天明，盡縱其所畜之鰻，即日改業。

右台仙館筆記

／縱鰻

〈縱鰻〉這則護生畫，讀起來令人感到驚悚，好似在讀《聊齋誌異》的鬼故事一般。

這則故事，出自《右台仙館筆記》這部古籍，此書為清代俞樾所撰，是晚清的志怪小說。

此畫的故事內容，說的是日本國的人，普遍愛吃鰻魚，烤鰻淋上檸檬汁，以及鰻魚飯，這兩道鰻魚料理，是日本食譜中廣受歡迎的。吃鰻魚、配清酒，更是日本一般平民的一大享受。

日本人雖然愛享用鰻魚，但是卻不大敢殺鰻魚，他們覺得鰻魚和其他魚類不同，殺害了鰻魚，魚死後會作祟，對殺鰻魚的人不利。這真是矛盾呢！愛吃鰻魚卻不殺鰻魚，那要如何吃鰻魚呢？為了享用美味的鰻魚，日本人買了鰻魚，都會拿到酒店中請廚夫代為操刀，將鰻魚殺好，腸肚處理好，再拿回家去烹調。

有一天夜裡，三、四位喝得醉醺醺的漢子，經過一家酒店前，此時已半夜，酒店早打烊，店裡燈火已熄，店門緊閉，裡面的員工都睡了，只有店主人還醒著。

這幾位醉漢饞蟲在胃裡作祟，想吃鰻魚，於是在門口喊叫，問道：「店裡有沒有鰻魚賣啊？」

店主人還來不及回答，他畜養在水箱裡的鰻魚，卻先代他回答客人說：「沒有啦！」酒店外的客人聽說沒有鰻魚賣，掃興地走了。但是酒店裡面親耳聽到鰻魚開口說人語，而且代他回答客人的這位老闆，可嚇壞了！

這應驗了鰻魚會作祟的傳言，賣饅魚賣了一輩子的老闆，原來是不信邪的，才會一直經營酒店，賣人人愛吃的饅魚。這下聽到鰻魚會說人話，難不成是眾多被他殺死的鰻魚的靈魂，借還活著但也即將遭殺害的鰻魚的嘴說出來的嗎？

嚇壞的店主人，一定徹夜未眠，輾轉反側到天明。天一亮他立即翻身起床，與夥計一起將店裡所畜養的鰻魚，一條條撈出來，全數放生到河裡去。而且從那天起他就改行不開酒店，也不賣饅魚了。

這故事滿驚悚的，鰻魚有靈，嚇嚇人，自己得救了，也度化了酒店主人，成就一個慈悲的故事。

虎知酬勞

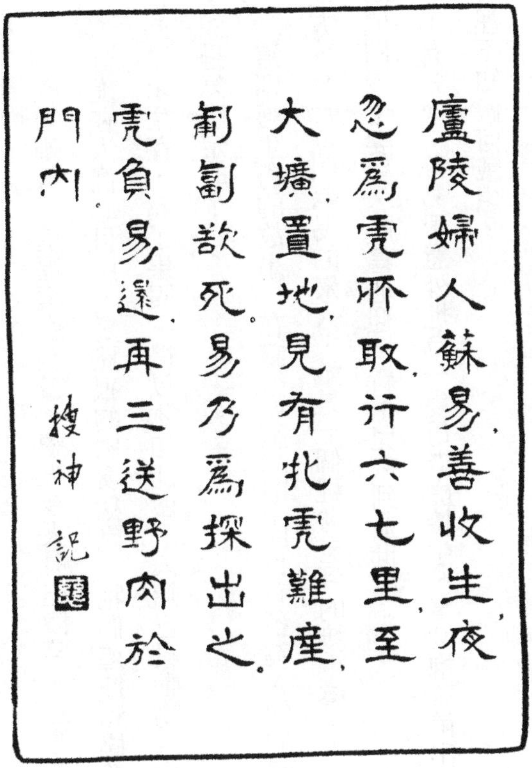
廬陵婦人蘇易，善收生，夜
忽為虎所取，行六七里，至
大壙，置地，見有牝虎難產，
匍匐欲死。易乃為探出之。
虎負易還，再三送野肉於
門內。
搜神記

廬陵婦人蘇易，善收生。夜忽為虎所取，行六、七里，至大壙，置地。見有牝虎難產，匍匐欲死。易乃為探出之。虎負易還，再三送野肉於門內。

搜神記

／虎知酬勞

〈虎知酬勞〉這幅護生漫畫，讀來令人發出微笑。這樣的故事，叫人百讀不厭。

老虎在人們心目中，是兇狠的肉食猛獸，牠們追捕和撲殺動物為食，看去殘忍。可牠們是為了求生存，為了果腹不得以才如此做。人類也殺動物為食，卻不覺得自己殘忍，這標準不知是怎麼定的？

這則護生畫的故事，在講述兇狠的老虎也有不為人知的溫柔一面。從前在江西盧陵這個地方，有一位叫蘇易的婦人，她是一個經驗老到的接生婆，一輩子都在為地方上的婦女服務，幫他們接生嬰兒，欣喜地迎接新生兒來到這世上。

有一次，蘇易很意外地為一隻母老虎接生，當她抱著甫出娘胎的小老虎，交給虎爸爸時，心裡不知做何感想？

事情是這樣的，有一天夜裡，奇怪的事發生了。蘇易家中忽然出現一隻大老虎，這老虎不知是從哪裡冒出來的，實在把她給嚇壞了。這力大如牛的老虎不由分說，就一口將她啣起來帶出門去，約跑了有六、七里路，來到一處空曠的郊野，才將她放下。

蘇易早已嚇得魂不附體，被老虎這樣咬著跑，心中一定以為老虎要將她帶到巢穴裡去大啖一番，怎會不驚恐！

但是出乎意料地，老虎將她放下，絲毫沒要吃她的意思。反而用哀求的眼光向她求助。她朝虎穴一瞧，原來有一隻母老虎正在生產，但產程並不順利，難產的痛苦，令母老虎低吼呻吟，躺在地上不停扭動。蘇易看多了生產的場面，知道再這樣繼續下去，母老虎會因難產而死亡，胎裡的小老虎也可能不保。原來大老虎啣了她來，是請她來救老婆的。

於是她放下驚嚇的心情，打起精神，壯起膽子，告訴自己，把老虎當成人吧，都是生小孩呢！沒什麼大不同。她集中思緒，拿出專業產婆的自信，伸出手去為母老虎接生，將小老虎從娘胎裡拉出來。小老虎終於在她的協助下，順利落地。

虎爸爸看在眼裡，那份感激就不必說了。蘇易成了牠妻子和孩子的救命恩人。牠當然不會傷害恩人，再次張開虎口將救命恩人輕輕啣起，送她安全返家。

蘇易虎口裡逃生，這事一定轟動鄰里，一時之間紅透半邊天。這還不止，此後這隻公虎，一次又一次地將自己打獵所得的獵物，送到蘇易家門內，不但付清了接生費用，也報答恩人的救命之恩。

老虎都知道愛護妻兒，當妻兒有難，會向人類求救，又懂知恩圖報，有很多人連老虎都不如呢，這樣的老虎雖兇猛，但也著實令人敬佩。

豬拒早殺

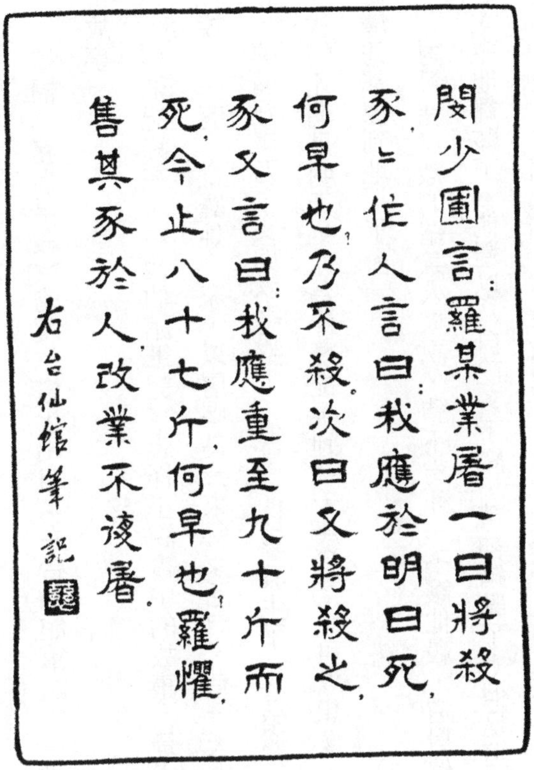

閔少圃言：「羅某業屠。一日將殺豕，豕作人言曰：『我應於明日死，何早也？』乃不殺。次日又將殺之，豕又言曰：『我應重至九十斤而死，今止八十七斤，何早也？』羅懼，售其豕於人，改業不復屠。」

右台仙館筆記

／豬拒早殺

這幅〈豬拒早殺〉的護生畫，出自《右台仙館筆記》一書，又是一則令人毛骨悚然的聊齋故事。

這則記錄在《右台仙館筆記》志怪小說書中的故事，是由一位叫閔少圃的人所述說的。他說：「有一位羅姓人家，以屠宰為業來養家活口。有一天，羅姓屠夫在豬欄裡挑選了一頭豬，準備好屠刀，要加以宰殺了。但是，怪事發生了，這頭豬，竟然開口說人話，告訴他說：『我的死期是明天，你為什麼提早到今天殺我？』可以想像，羅姓屠夫聽到豬說話，一定嚇得屠刀都掉到地上了。」

對殺豬無數的羅某人來說，豬不肯死，不讓他殺，還對他說話，提醒他死期未到，這真是太令他驚駭了，他還以為自己著了魔，精神錯亂了！但是這豬明明在對他說話，錯不了的，他害怕到放了這頭豬，不敢殺牠了。豬自稱死期是明天，就等明天吧！

到了第二天，他又捉起這頭豬，準備要宰殺。沒想到豬又不服了，再次對他說：「我的體重應該要達到九十斤，才會被殺，我現在才八十七斤，你為何要提早殺我？」

哇！這羅某人又被大大地嚇到了！這到底是怎麼回事啊？當屠夫這麼久了，從來也沒遇見過這種怪事，豬來向他求命，還說人話，太不可思議了！

大凡有生命的生物，總是各有天年，時間一到自然會死亡。人們耳熟能詳的一句話：「閻王要你三更死，絕不留你到五更。」就是這個意思。但是若未到天年即死亡，與生死簿上記錄的年壽不符，就叫枉死。枉死，是意外死亡，即在不該死的時候死去。

這頭即將就死的豬，竟能靈通到說人語，且知道自己的天年，也太神奇了。想必是來度化這位屠夫的。佛陀總是勸人們要經營正業，所謂正業，就是正正當當的職業，屠夫殺生，不屬於正業。

羅姓屠夫經過豬的點化之後，果然立即放下屠刀，將所有的豬都賣掉，從此改行，再也不造殺業了。

犬寄郵信

歐西某地有一犬，能以主人所寄信，送入路旁之郵筒。一日，以數函令往投入，乃銜其一而返。取視之，則以未貼郵票故也。
盧隱筆記

歐西某地有一犬，能以主人所寄信，送入路旁之郵筒。一日，以數函令往投入，乃銜其一而返。取視之，則以未貼郵票故也。

盧隱筆記

／犬寄郵信

〈犬寄郵信〉的護生漫畫，出自《廬隱筆記》一書。內容講述的是一隻洋犬，常為主人寄信，牠聰明到能從數封信中撿出一封忘了貼郵票的信，將其他已經貼好郵票的信投郵寄出了，而將未貼郵票的信銜回家來。

這樣的狗，一定是非常得到主人疼愛。這隻狗是歐洲某地一位洋人所飼養的。這位洋人疼愛他的狗，把狗當成自己孩子般的對待。狗也聰明乖巧，是全家人的寶貝。

洋主人經常寫信寄給親朋好友，有一天忽然想到何不訓練愛犬幫他寄信？於是他開始出示信件給狗看，並親自示範教愛犬如何將信一一投入郵筒中。之後，主人只要給親朋好友寫好信，裝好信封，貼上郵票後，就交給狗兒去完成寄信的任務。

有一天，主人寫了好幾封信，交給狗兒出去寄，狗兒出去了一會兒，回來時，主人發現牠並沒將所有的信都丟進郵箱，而將其中一封信銜回來，將信交還給主人。

主人感到奇怪，他接過信後仔細看了看，發現原來這封信忘了貼票。狗兒實在是聰明到令主人感到驚訝，竟能了解不貼郵票，欠郵資，是不行的。收信人若拒收，信會被退回；收信人若收了，要補貼郵資，這樣對寄信人來說太失禮。

愛犬竟能撿出那封忘了貼郵票的信，讓主人深感意外。因為寄信要貼郵票，他並沒有教過愛犬，愛犬是因為每次看慣了信封上都貼著郵票，以為那是信寄出前必備的程序，當主人忘記了，牠就將信拿回來，請主人完成這個寄信的程序後，牠再去投郵。

在《護生畫集》中讀過幾篇愛犬為主人送家書的故事。狗兒千里遠行，穿越多少城市和鄉村，日行夜宿，辛苦地將信安全送達家人手中，還取了回函帶回給主人。狗兒的聰明才智和路途中應付各種困難的機智，以及長途跋涉的能耐，實在超乎人們的想像。

這則故事中的洋犬，牠的任務沒有那麼艱難，但牠的聰明和反應，也叫人佩服呢！

雞要活命

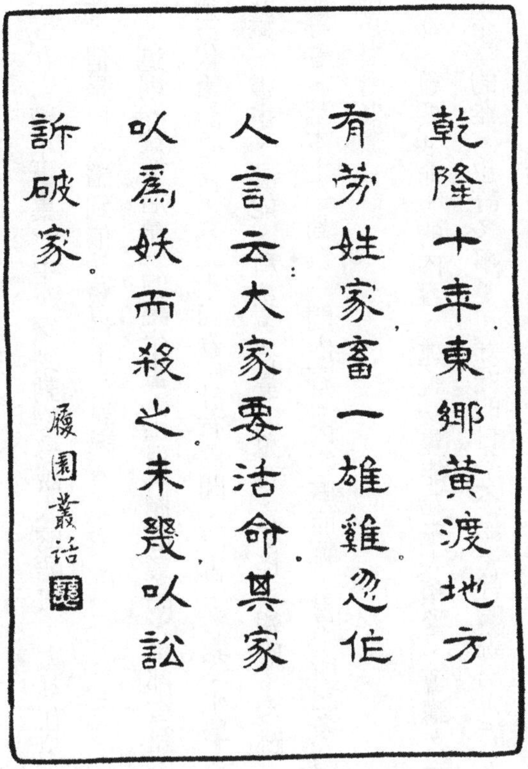
乾隆十年東鄉黃渡地方
有勞姓家，畜一雄雞。忽作
人言云：大家要活命。其家
以爲妖而殺之。未幾，以訟
訴破家。
履園叢話

乾隆十年，東鄉黃渡地方，有勞姓家，畜一雄雞。忽作人言云：「大家要活命。」其家以為妖而殺之。未幾，以訟訴破家。

履園叢話

／雞要活命

在《護生畫集》中，讀到動物會說人的語言，尤其在第六集中特別多，雖然已經見怪不怪，但是再次讀到依然覺得不可思議。

這則〈雞要活命〉的護生畫，出自《履園叢話》這部古籍；《履園叢話》是清朝錢泳所撰，為古代筆記之作，共二十四卷，計有舊聞、閱古、考索、水學、景賢、耆舊、臆論、譚詩、碑貼、收藏、書畫、藝能、科第、祥異、鬼神、精怪、報應、古跡、陵墓、園林、笑柄、夢幻、雜記等卷，基本上一卷為一門內容。內容廣而雜，書中所記多為作者親身經歷，即使得諸傳聞，也必指出來源。

〈雞要活命〉的內容，述說一隻能為主人預警，會講人話的雞，不幸被殺害的故事。這隻不幸的雞，也許多事了，好好的日子不過，幹嘛說出人話，嚇壞主人，而遭到宰殺呢？

這會說人話的雞，生長在清乾隆十年，牠是四川東鄉一個叫黃渡的地方，一戶勞姓人家所飼養的。

這雞平時也沒什麼特別作為，就是一隻雞嘛，做該做的事。可是這雞深藏不露，不知是通了靈，還是被附了身，有一天忽然說起人話。也許是亡故的親人藉著雞的嘴來預警，警告家人有不好的事要發生了，希望家人提高警覺。但勞姓人家卻被雞能出人語這事兒給嚇壞了，害怕到將這隻通靈的雞給殺了。

雞到底說了什麼讓人驚嚇的話，會被人當成妖怪而遭到殺害。原來牠說的是：「大家要活命。」這五個字組合起來的一句話。雞嚇到人，被殺死了，家人也不理解雞說這句話到底是什麼意義，想來這隻雞真是枉死了。

過不久，勞氏一家發生了一些事，被人告上官府，一場訴訟下來，讓勞家疲憊不堪，最後輸了官司，在這期間還家破人亡。應了雞「大家要活命」的預警，可惜主人沒能解讀出這句話的玄機，還把這隻雞給殺死。

雞的不幸，在牠預警不成；勞家人的不幸，在於將上天派來給他們通報消息的天使殺害了，這也是報應吧！

鴨卵償債

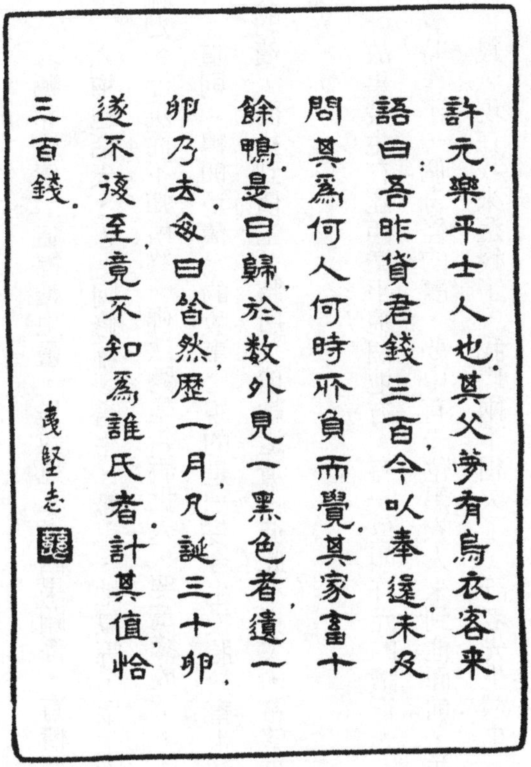
許元樂平士人也其父夢有烏衣客來
語曰吾昨貸君錢三百今以奉還未及
問其為何人何時所負而覺其家畜十
餘鴨是日歸於數外見一黑色者遺一
卵乃去每日皆然歷一月凡誕三十卵
遂不復至竟不知為誰氏者計其值恰
三百錢
夷堅志

許元，樂平士人也。其父夢有烏衣客來語曰：「吾昨貸君錢三百，今以奉還。」未及問其為何人何時所負而覺。其家畜十餘鴨。是日歸，於數外見一黑色者，遺一卵乃去。每日皆然，歷一月，凡誕三十卵，遂不復至，竟不知為誰氏者。計其值，恰三百錢。

夷堅志

／鴨卵償債

〈鴨卵還債〉這幅護生畫，是敘述三世因果關係，有債還債，有恩報恩的故事。六道包括天、人、阿修羅、畜生、餓鬼、地獄等，眾生因無明而在循環無端的生死海中輪迴、浮沉而不知所終。佛法總是告訴世人，要萬緣放下，才能脫離六道，出離生死海。

這則〈鴨卵還債〉的故事，說的是一隻今生投胎於畜生道，身為鴨的眾生，不忘前世所欠的債，而找到債主，將所欠債款還清，彼此不相欠，希望來生可以沒有業障地投生於更高境界。

故事發生在江西樂平這個地方，有一位叫許元的讀書人家中。有一天晚上，許元的父親睡覺時作了一個奇怪的夢，夢中有一位黑衣人來到他面前，並對他說，我以前曾經向你借了三百錢，現在我來還錢了，我們兩不相欠了。許老先生還來不及問黑衣人是什麼人，什麼時候欠他錢，就醒過來了。這夢並沒引起許老先生特別的感覺，只是個夢而已，夢醒也就不在意了。

許家當時養了十幾隻鴨子，那天他外出歸來，看見那一群鴨子，隨意地數了數，咦？怎麼多了一隻？他看仔細後，發現多出來的那隻鴨子是黑色的。這隻黑鴨在許家下了一顆蛋，然後就起身離去。由於這隻鴨子不是他們養的，許老先生就隨牠去了。

從那天起，這隻黑色鴨子，每天都跑到許家來下蛋，接連一個月沒停過，總共下了三十個蛋後，黑鴨就消失蹤影，不再來了。許老先生算算這三十枚鴨蛋，恰好值三百錢，才讓他回想起一個月前作的那個奇怪的夢。原來那位託夢的黑衣人，投生畜生道成為鴨子，還不忘來償清前生欠的債。

三世因果是一條條綿密的網路，將所有有緣相識，在前世今生曾經是父母、夫妻、兄弟姊妹，以及親戚朋友、師長、恩人、仇人等等全相連在一起，分都分不開，在三世因果中，欠債還債，欠命還命，因果報應絲毫不爽，不是不報，時候未到而已，從來都沒人逃得過。

而這隻黑鴨，竟靈通到明白自己前世欠了誰的債，今生前來還清債款，清清白白地繼續過牠的日子，來生不再因為欠了這條債而影響牠的轉世。

這鴨太厲害了，可不是普通的鴨，真是叫人佩服呢！

知音犬

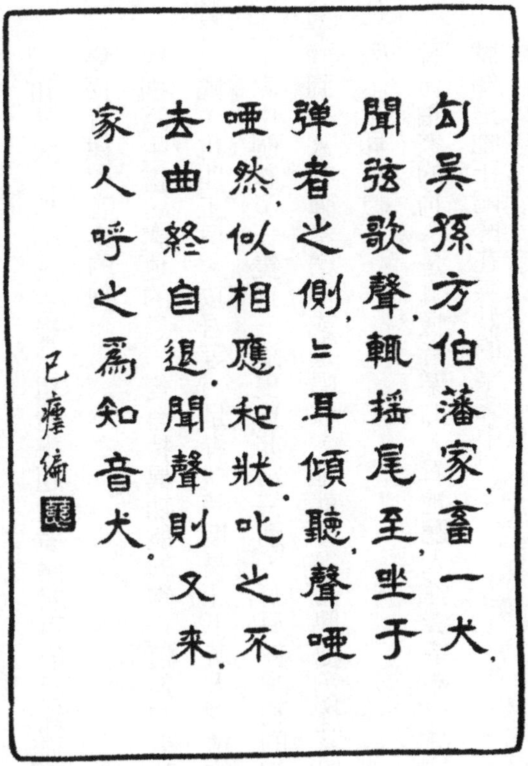
勾吴孫方伯藩家，畜一犬，
聞弦歌聲，輒摇尾至，坐于
彈者之側，側耳傾聽，聲啞
啞然，似相應和狀。叱之不
去，曲終自退。聞聲則又來。
家人呼之爲知音犬。
已瘧編

勾吳孫方伯藩家，畜一犬，聞絃歌聲，輒搖尾至。坐于彈者之側，側耳傾聽，聲啞啞然，似相應和狀。叱之不去，曲終自退。聞聲則又來。家人呼之為「知音犬」。

已瘧編

／知音犬

〈知音犬〉這幅護生畫，單看畫題讀者諸君可能已經猜到這幅畫的內容了，此畫描繪的是一隻懂音律和音樂的狗。

這則護生畫，講述的是一隻有特異功能的狗。這狗的事蹟發生在勾吳這個地方。勾吳，就是吳國，也叫工吳、攻吾等，是春秋時期長江下游太湖邊的的吳國。此地有一個叫孫方伯的人，家中飼養了一隻狗。這隻狗非常特別，有異於常狗的智能，牠懂得音樂，愛聽音樂。只要聽到有人在彈奏樂器或是唱歌，牠就會很高興地，搖著尾巴，跑到那人身邊，安靜地坐在一旁，側耳傾聽。

孫方柏家的狗，是真懂音樂的，看牠聽人彈奏樂器或唱歌時，那臉上的表情和享受的模樣，就知道牠正陶醉在美妙的樂聲中。

狗懂音樂，愛聽音樂，已經是很稀奇的事，這狗還不僅如此，牠聽著、聽著，還會隨著音樂搖頭晃腦，喉嚨裡發出低鳴聲，好似跟著哼曲子，也像在和音一般。

這時候，有人想將狗趕走，牠是不依的，怎麼趕也不肯走，但是只要音樂或歌聲停了，牠自然就會走開去。不過，只要音樂聲或歌唱聲再度響起，牠又立即跑過來，在一旁乖乖地、靜靜地聽著。

這狗的前世，一定是一位愛聽歌也愛唱歌的人，今生雖投胎至畜生道，但是習性不改，一聽到音樂，那遙遠的隔世記憶，就悄悄地回來，竟不受隔陰之迷的影響，隨著樂聲搖擺。可能當初投胎轉世時，孟婆湯喝得不夠所致。

這隻有異能的，與眾不同的狗，很得主人家疼愛，家裡人都稱牠為「知音犬」。這隻狗一定也很得鄰里的疼愛，因為只要鄰居有人在彈奏音樂或唱歌，這狗也會跑到一旁安靜地當一位欣賞者，也許還給演奏和演唱者按一個讚。而且牠聽音樂時，那陶醉的模樣兒，一定是人見人愛。

青蛙雪冤

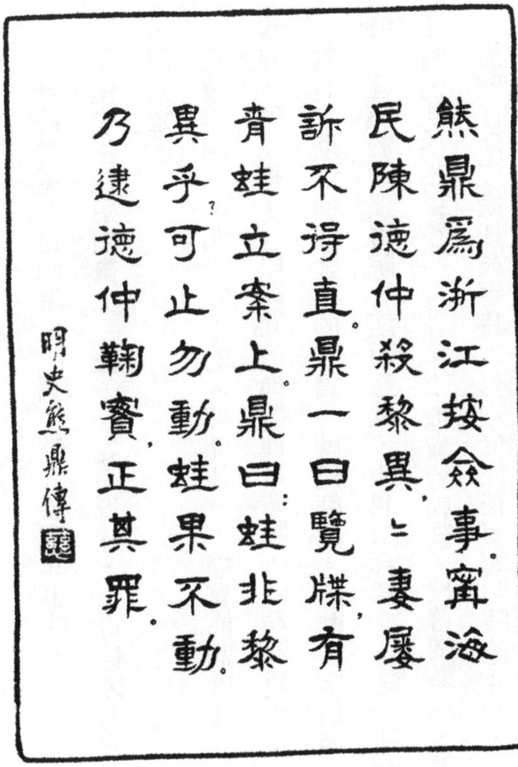
熊鼎爲浙江按僉事。寗海
民陳德仲殺黎異，異妻屢
訴不得直。鼎一日覽牒，有
青蛙立案上。鼎曰：蛙非黎
異乎？可止勿動。蛙果不動。
乃逮德仲鞫實，正其罪。
明史熊鼎傳

熊鼎為浙江按僉事。寧海民陳德仲殺黎異，異妻屢訴不得直。鼎一日覽牒，有青蛙立案上。鼎曰：「蛙非黎異乎？可止勿動。」蛙果不動。乃逮德仲鞫實，正其罪。

明史　熊鼎傳

／青蛙雪冤

〈青蛙雪冤〉這個護生故事，是一個靈異事件。

子愷先生在這幅畫上，畫了一隻小青蛙，這青蛙因為有冤情，所以跳到衙門的主審官桌上去討公道。

這故事出自《明史》中的〈熊鼎傳〉，描寫熊鼎處理一件官司的經過。這件官司案情有點複雜，所以拖了一段時間，衙門裡審案時，因為罪證不足，一直判不下來。

當時在浙江擔任僉事的官員，就是熊鼎。熊鼎，字伯穎，臨川人，是一位奇才。元末舉於鄉，任職於龍溪書院。江西寇亂，熊鼎結合鄉兵自守。陳友諒屢次威脅他，不應。鄧愈鎮守江西，好幾次召見他，奇其才，推薦給朝廷。授德清縣丞、浙江按察司僉事，官至刑部主事。

熊鼎任浙江擔任僉事時，有一位住在寧海叫陳德仲的人，被懷疑殺害了黎異。苦主黎異的妻子告上官府，請官爺主持公道，將殺人兇手繩之以法。但是黎妻一次又一次告官，都苦無證據，沒能為丈夫雪冤。

有一天，熊鼎在官署裡閱讀刑事公文，說也奇怪，不知從哪裡跳進來一隻青蛙，還跳到他的桌子上，雙眼直直地望著他，並嘓嘓嘓地對著他叫。熊鼎正為黎異慘死的案子沒能偵破而傷腦筋，所以很自然地就問青蛙道：「青蛙啊！你可是黎異轉世來的？若是的話，你就安靜不要動。」

那青蛙聽懂了熊鼎的話，安靜地在桌上一動也不動地坐著。熊鼎心中明白了是什麼回事了。於是他又提調陳德仲來審案，陳德仲這次終於敵不過良心的煎熬，坦承犯案，低頭認罪了。

多神奇啊！青蛙會為自己的前世雪冤！當黎異轉世為青蛙時，他的神識依然還停留在前世，這是很難讓人相信的事，但卻發生了。見證了天下事確是無奇不有。而熊鼎這位官爺，對青蛙跳到他桌上這事，竟也聯想起是黎異前來告狀，這一人一蛙心曲相通，共同偵破一件謀殺案，真是奇聞呢！

放魚

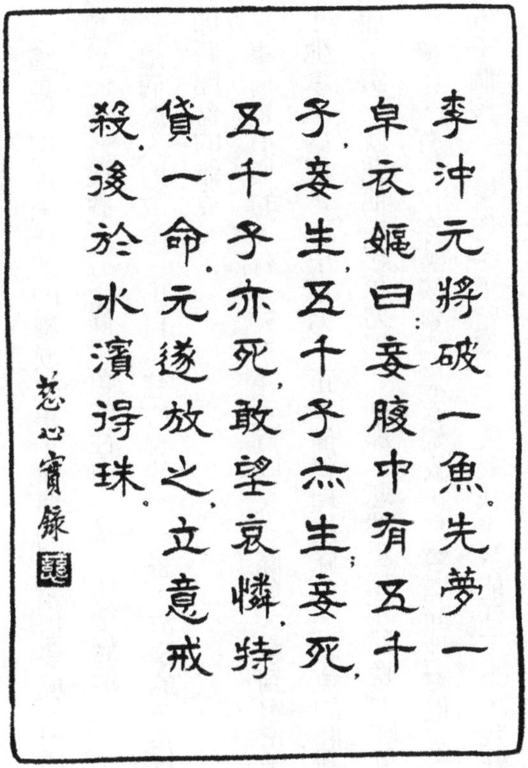
李沖元將破一魚。先夢一
皁衣媪曰：妾腹中有五千
子，妾生，五千子亦生；妾死，
五千子亦死，敢望哀憐，特
貸一命。元遂放之，立意戒
殺。後於水濱得珠。
慈心實錄

李沖元將破一魚。先夢一皂衣媪曰：「妾腹中有五千子。妾生，五千子亦生。妾死，五千子亦死。敢望哀憐，特貸一命。」元遂放之，立意戒殺。後於水濱得珠。

慈心實錄

／放魚

這是一則魚來託夢的靈異故事，作夢的人領悟夢境，作出了正確的抉擇，不但讓一條母魚免於一死，還救了五千條小魚的性命，真是功德無量！

這個感人的故事，出自《慈心實錄》一書，故事的主角是一個名叫李沖元的人，以及一條即將臨盆的雌魚。

事情是這樣的，有一天李沖元買回來一條魚，拿到廚房去，原想著今天就煎這條魚加菜吧！他拿出砧板，取出菜刀，正準備料理這條魚，將魚的肚腹剖開，取出腸肚，加以清洗，以備下廚。就在他提起菜刀那一剎那，忽然想起昨兒晚上睡覺時作的一個夢。

夢中，有一位穿著樸素的黑衣婦人，愁容滿面地對他說：「好心人啊！小女子我，腹中有五千個孩子，求您手下留情，不要殺我，我能活下來，我肚子裡五千個孩子才能活下來；我死了，五千個孩子也跟著我一起死了；現在我請求您的哀憐，留我一條性命吧！」

這個夢忽然浮現腦際，那位黑衣小婦人眼神哀戚，對他殷殷求饒。他拿起菜刀的手，此時輕輕放下了。那位黑衣小婦人，莫非就是他砧板上的這條魚。他定睛看去，砧板上那條魚，果然是黑色的，而且大腹便便，分明滿肚子都是魚卵；這一驚非同小可。

是這魚沒錯！真的是牠！牠竟來託夢！這條魚在夢中求他饒命，求他救救腹中五千個孩子！

生死是大事，誰不貪生怕死！尤其是一位懷孕的母親，不是為自己求生，而是為腹中的孩子求命。多偉大的愛！他怎忍心去殺害這位母親。

於是，李沖元放下屠刀後，即刻將這條魚放回河裡去，並祝這位了不起的母親此去平安！將魚放生後，從此他下定決心再也不殺生。後來這條雌魚還前來報恩，啣明珠放置在他放生的水濱送給他，以感謝救命之恩。

李沖元好人有好報。救人一命，勝造七級浮屠，何況李沖元一次救了五千命！那功德真是無窮盡了！李沖元放魚一條生路，讓自己少造殺業，又能讓眾生免於恐懼和痛苦，這是大悲心和大悲行！他這一生或後世再後世，都能健康長壽並且好福氣呢！

雞卵乞命

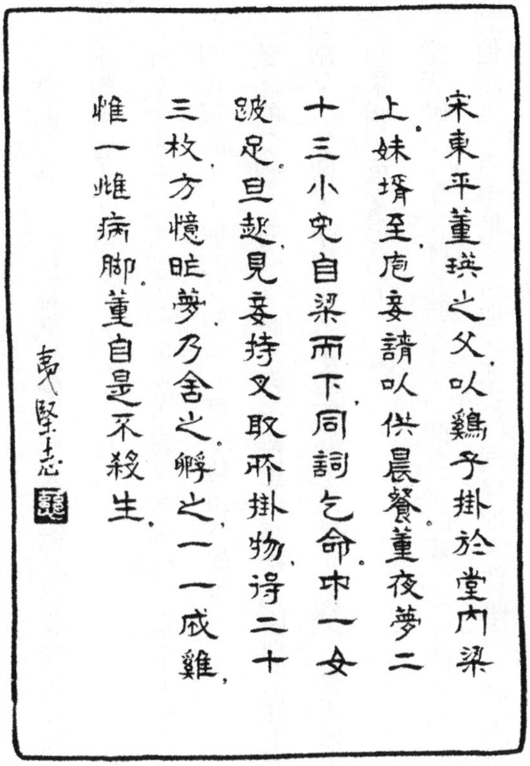
宋東平董瑛之父以鷄子掛於堂內梁
上妹婿至庖妾請以供晨餐董夜夢二
十三小兒自梁而下同詞乞命中一女
跛足旦起見妾持叉取所掛物得二十
三枚方憶昨夢乃舍之孵之一一成雞
惟一雌病脚董自是不殺生
夷堅志

宋東平董瑛之父，以雞子掛於堂內梁上。妹婿至，庖妾請以供晨餐。董夜夢二十三小兒自梁而下，同詞乞命。中一女跛足。旦起，見妾持叉取所掛物，得二十三枚，方憶昨夢，乃舍之。孵之，一一成雞，惟一雌病腳。董自是不殺生。

夷堅志

／雞卵乞命

〈雞卵乞命〉也是雞來託夢，而人亦能記起夢境並理解夢境，而作出善舉的護生故事。讀起來相當感人。

此故事出自《夷堅志》這部古籍。內容說的是宋朝的時候，在山東東平縣這個地方，有一個叫董瑛的人，他的父親與一籃子雞蛋的故事。

董瑛的父親，有一次將一籃子雞蛋，高掛在屋裡梁柱上保存。過幾天董瑛的妹婿來家中拜訪岳父，並留下來作客。掌廚的婦人來請示董父，是否能以梁柱上的雞蛋作為第二天早餐桌上的菜餚。董父應允了。

當天晚上，董父睡覺時作了一個奇怪的夢。夢中他見到二十三個小孩兒從梁柱上爬下來，爬到他跟前，哀傷地看著他，並異口同聲地求他饒命。其中有一個小女孩兒，還跛了一隻腳，讓他印象深刻。

第二天一早起來，董父正好見到廚娘拿著長叉，伸長手臂將梁柱上那籃雞蛋取下來，準備拿去做成早餐。

廚娘數了數，告訴董父說，籃子裡共有二十三顆雞蛋。

這二十三之數，忽然讓董父想起昨兒晚上作的怪夢，夢中那二十三個小孩兒一一浮上腦海，小孩兒向他求饒的聲音也縈繞不去。

董父看著這籃子雞蛋，心中一驚，莫不是雞卵中活生生的性靈，來託夢給他，請求他饒命。二十三條性命，可不是小數目！他一時慈悲心起，決定留下雞蛋。於是告訴廚娘說不煮蛋了，以別的食物代替早餐。

董父心中不斷浮現那二十三個小孩兒的影像，於是他將雞蛋以熱氣孵之，不久果然孵出二十三隻小雞仔，其中一隻小母雞天生就跛腳。

這事讓董父大吃一驚，夢境成真，而他亦能順應夢境以慈悲心對應。這不容易啊！很多人夢醒就全忘光了，再有慈悲心，也沒機會去實踐呢！

經過這件事以後，董父明白生命的可貴，從此不再殺生了。

盲犬待哺

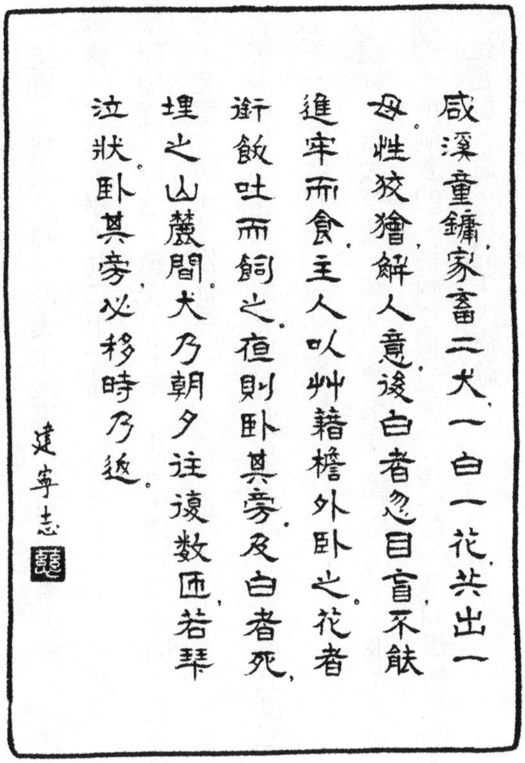
咸溪童鏞家畜二犬一白一花共出一
母性狡獪解人意後白者忽目盲不能
進牢而食主人以艸藉檐外卧之花者
銜飯吐而飼之夜則卧其旁及白者死
埋之山麓間犬乃朝夕往復數匝若拜
泣狀卧其旁必移時乃返
建寧志

咸溪童鏞，家畜二犬。一白一花，共出一母，性狡獪，解人意。後白者忽目盲，不能進牢而食。主人以草藉檐外臥之。花者銜飯吐而飼之，夜則臥其旁。及白者死，埋之山麓間。犬乃朝夕往復數匝，若拜泣狀，臥其旁，必移時乃返。

建寧志

／盲犬待哺

這則〈盲犬待哺〉的護生漫畫，出自《建寧志》。《建寧志》是福建地方誌。明朝夏玉麟等修，汪佃等纂，共二十一卷。於嘉靖十八年（一五三九年）成書，約二十四萬字。首載建寧府總圖、府治、建安、歐寧、浦城、建陽等十圖。次分建置沿革、疆域、山川、風俗、官師、名宦、城池、公署等。

畫中那隻小花狗，對兄弟盡心盡力照顧，感情如此深厚，這種情義有時連萬物之靈的人類都不一定能做到呢！

這幅〈盲犬待哺〉圖文，讀來令人感慨萬千。畫面上的兩隻小狗，是咸溪地方一位名叫童鏞的人所飼養的。這兩隻狗毛色一花一白，是同母所生的兩兄弟。小狗聰明伶俐，活潑可愛，也善解人意，很討主人喜歡。

但好動愛玩的小狗，沒過多少好日子，其中那隻白色小狗，就患了眼病，逐漸雙目失明，無法自由進出狗屋去進食。主人家於是拿了一些乾草，鋪在屋簷下給狗當床鋪睡覺。

那隻小花狗，很同情自己的兄弟，主動負起了照顧的責任，每天都進狗屋裡啣起食物，到屋簷下餵兄弟吃飯。這樣子日復一日，從不懈怠。晚上要睡覺了，也沒進到狗屋裡去，而是陪在屋簷外，躺在兄弟身邊一起睡。

白色小狗可能天生就不健康，除了害眼病失明，身上還有其他病症也發作，身體日漸衰弱，沒多久就告別親愛的弟兄和主人而離世了。

主人將死去的白狗埋葬在家附近的山腳下，小花狗不捨兄弟情，每天往往返返一次又一次地跑去白狗的葬身處，「嗚！嗚！嗚！」地低鳴著，彷彿為兄弟的離去而悲傷不止。那低吠聲宛若哭泣一般，聽了令人鼻酸。小花狗趴在土墳前，就這麼陪著兄弟一起，不肯離開，一直要到天黑了，才依依不捨地回家去。

這兄弟情，是真心、是真情流露，一點不做作，特別感動人心！小花狗這重情重義的美德懿行，也感動了街坊鄰居。一傳十，十傳百的，甚至記錄在《建寧志》而名傳千古。

馬戀故主

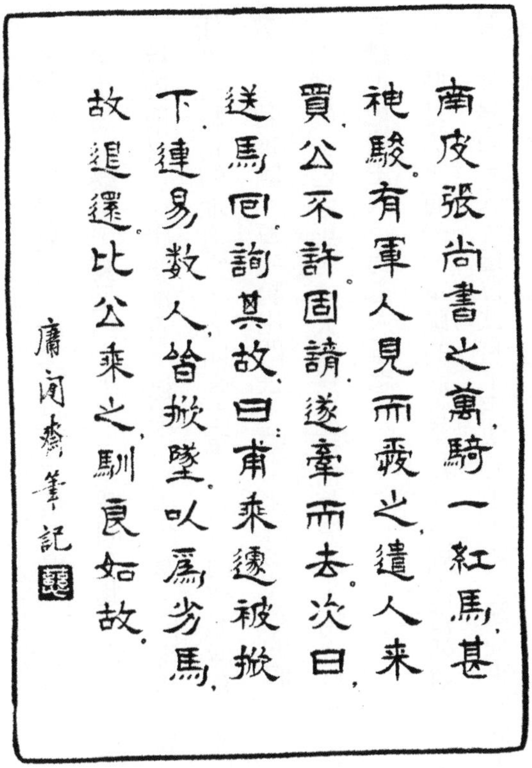

南皮張尚書之萬，騎一紅馬，甚神駿。有軍人見而愛之，遣人來買。公不許。固請，遂牽而去。次日，送馬回。詢其故，曰：「甫乘遽被掀下，連易數人，皆掀墜。」以為劣馬，故退還。比公乘之，馴良如故。

庸閒齋筆記

／馬戀故主

讀這幅〈馬戀故主〉的護生畫，不禁莞爾。

畫中這匹駿馬，真是「太牛了」，聰明至此，也愛戀主人至此，得此神駒，夫復何求？

這則取材自《庸閒齋筆》這部古籍中的畫，內容講述的是，河北南皮這個地方，有一位擔任尚書職務的地方官，名叫張之萬。這位尚書郎擁有一匹紅色鬃毛的駿馬；這匹馬既壯又神勇，有若神駒。每次騎出門去，總引來許多羨慕的眼光。

這樣的一匹好馬，主人當然是疼惜萬分的。馬也是最知感恩的，主人對牠好。牠就更加死心踏地地愛主人，對主人盡忠。

當時地方上有一位軍職的武官，每次見到尚書郎這匹馬，總是讚不絕口，也一直想占為已有。於是有一天，這位武官下定決心了，派了隨從來向尚書郎表達想要買下這匹馬。

這可不妙了！尚書郎太愛這匹馬了，怎捨得割愛，於是婉轉回絕了。武官不死心，還想著這匹馬；又再派人過來，這次是不容拒絕地強要，不容分說地買了去。尚書郎也不敢得罪武官，只好將愛馬交給來人，看著那人將自己心愛的馬給牽走了。

馬兒走了！尚書郎心裡實在難過極了，還正傷心著呢！沒想到第二天，那將馬牽走的人，又將馬給帶回來還給他。

簡直像在作夢呢！愛馬會回到他跟前。怎會這樣？到底發生了什麼事？好奇的尚書郎詢問了來人。那人說：「我家主人一騎上這馬，就被掀下馬背。換別人騎也被掀下馬背。連換了幾個人都一樣。這不是匹好馬，我家主人不要了。」

這話要在平時，聽來可刺耳，但現在聽起來多麼順耳啊！尚書郎的愛馬只要能回到他身邊，別人說什麼都不要緊了。況且他才不信那些人說的話！

可不是，武官派來的人一走，尚書郎立刻跳上他的愛馬，試騎了一下，跟以前一樣馴良。哈！哈！這下尚書郎明白了，原來愛馬忠於自己，愛戀著舊主，不肯換新主人，還狠狠地作弄了那些武藝高強的武將們。他高興得忍不住親了親他的愛馬，愛馬也嘶鳴幾聲回應他的親吻呢！

母鹿隨啼

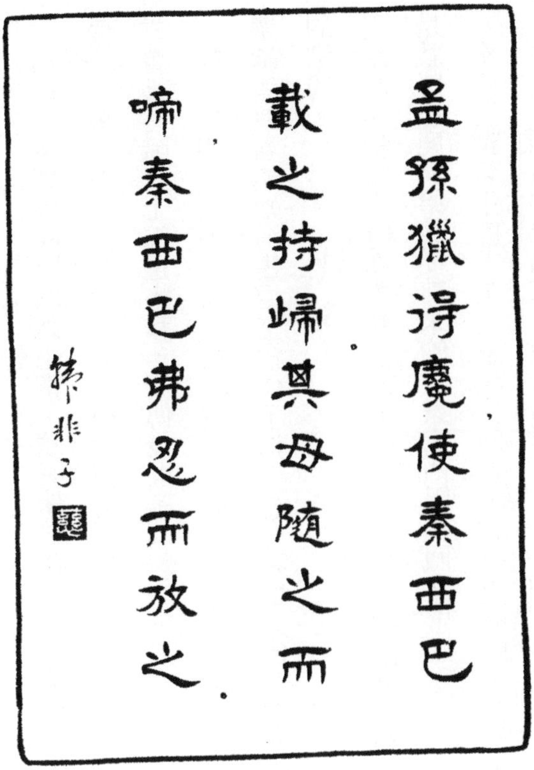
孟孫獵得麑，使秦西巴
載之，持歸。其母隨之而
啼，秦西巴弗忍而放之。
韓非子

孟孫獵得麑，使秦西巴載之持歸。其母隨之而啼，秦西巴弗忍而放之。

韓非子

／母鹿隨啼

這則〈母鹿隨啼〉的護生畫，讀者諸君在《護生畫集》第四集中讀過，篇名叫〈愛子〉。〈愛子〉取材自《說怨》一書，而這幅畫選材自《韓非子》，可見感動人心的故事，從古至今常會被有識之士編選入籍，流傳後世。

第四集的〈愛子〉篇，故事較長，這幅〈母鹿隨啼〉文長只有前半，而省略了後半。為了讓讀者諸君能知道畫中主角作了這件慈悲義舉之後，有什麼後果，後半段就讓大家重溫故事的結局。

話說春秋戰國時期魯莊公的庶子孟孫，有一次出外打獵，獵得一隻小鹿，他遊興正濃，於是就將小鹿交給隨從前來的官員秦西巴帶回宮中。

秦西巴帶著小鹿，坐上車先行回宮，有一隻成鹿，在他車子旁邊一路相隨，始終不肯離開，而且不斷發出哀鳴聲。秦西巴知道那是母鹿不捨小鹿，其鳴聲淒切，聲聲聞之鼻酸。

秦西巴是一位慈悲的人，他不忍母鹿失去愛子的痛苦，也不捨小鹿失去母親，於是自作主張將小鹿給放了。見到母鹿與小鹿團圓相聚，還不斷舔著愛子，母子情深，讓他心中很感動，覺得自己做了對的事，也沒想到這樣做會有什麼後果。這幅畫就說到這，下半段就是重溫第四集的〈愛子〉篇了。

孟孫回宮，知道秦西巴將小鹿放了，非常生氣，就將他放逐出京城。放鹿而得罪了孟孫，依秦西巴的性格，應該是不後悔的。

過了一年，孟孫又將秦西巴召回京城，並進宮擔任太子傅。左右的官員都很不解地問孟孫說，秦西巴得罪主公被放逐了，為何又召他擔任如此要職呢？孟孫回答道，秦西巴是一個慈悲的人，連一頭小鹿都不忍傷害，一定會好好愛護太子，而且他學問品德兼備，堪當太子的好老師。

看官，秦西巴果然沒做錯。他放了小鹿違背主公之意，當然獲罪；但他慈悲的舉動孟孫卻很欣賞，當太子需要請教席時，就非他莫屬了。

別以為慈悲，是軟綿綿的，其時慈悲本身就是一股強大的力量，可以橫掃人心中的黑暗，並給人希望和溫暖。

烏覆棄嬰

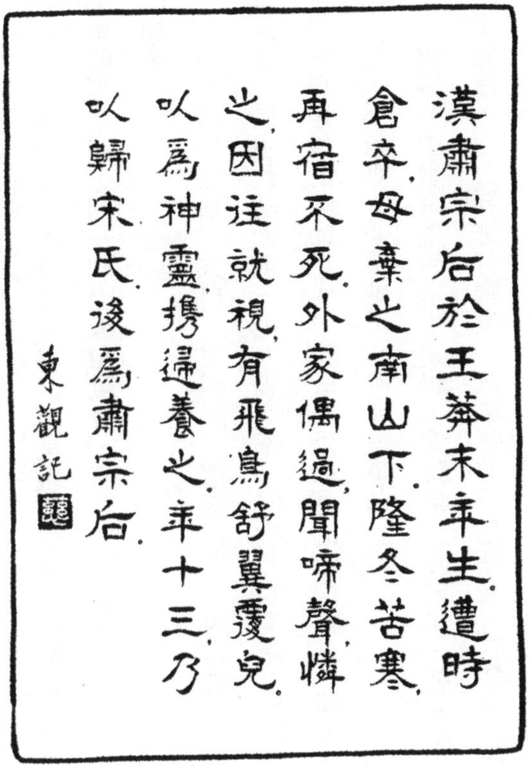
漢肅宗后於王莽末年生。遭時
倉卒，母棄之南山下。隆冬苦寒，
再宿不死。外家偶過，聞啼聲，憐
之，因往就視，有飛鳥舒翼覆兒，
以為神靈，攜歸養之。年十三，乃
以歸宋氏，後為肅宗后。
東觀記

漢肅宗后，於王莽末年生，遭時倉卒，
母棄之南山下。隆冬苦寒，再宿不死。
外家偶過，聞啼聲，憐之，因往就視。
有飛鳥舒翼覆兒，以為神靈，攜歸養之。
年十三，乃以歸宋氏，後為肅宗后。

東觀記

／烏覆棄嬰

〈烏覆棄嬰〉的護生漫畫，讀來感觸良多。一個人的命運該如何，最後都會走上那既定的道路嗎？路上的一切因緣和風景，是否冥冥中早有安排，還是自己一步一步慢慢開發和奮鬥而來？

這幅畫的故事，來自《東觀記》這部古書。內容講述的是東漢肅宗皇后的故事，她由一位棄嬰，於生死關頭獲一隻大鳥保護，使脆弱的生命得以存活下來，長大後成為一位皇后。那隻大鳥是她的救命恩人，也成為她命運的轉捩點。而這隻通靈的飛鳥，彷彿是老天爺派來的天使，拯救她，並讓她走回命運道路上。

故事要由肅宗皇后出生說起，當時是王莽末年，戰亂頻仍，民不聊生。肅宗皇后的母親生下她後，因為要逃避戰禍，無法將她帶在身邊，於是傷心地將她遺棄在南山腳下，雖然不捨，也沒法子了，希望有好心人能收養這可憐的孩子。

隆冬時節，天寒地凍，一個小女嬰，露宿荒郊野外，實在凶多吉少。這樣過了兩天，小女嬰竟然還活著，餓得哇哇大哭。有人剛好經過該地，聽見嬰兒啼哭聲，覺得音調淒慘甚為可憐，就前去查看。找到小女嬰時，見到有一隻大鳥，展開雙翅覆蓋在她身上，幫她取暖。

見此情形，此人深覺這小女孩不同凡響，有神靈護持，定非一般人，於是將小女嬰帶回家收養。養大到十三歲時，才回歸宋氏宗姓，後來成為肅宗敬隱皇后。

真是神奇的際遇，如此大富大貴的命格，也不會因戰爭和遭棄養等命運多舛而有所改變，終將脫穎而出發光發熱。而肅宗皇后能有所成就，取決於大鳥的救助。《東觀紀》中有詩曰：「雪裡啼聲竄虎狼，阿嬌歸抱外家藏。翩翩孰庇椒房貴，莫是丹山老鳳凰。」

大鳥和肅宗皇后的因緣，或許不僅今生今世，而是在三世因緣中相互報恩和還債，他們互相幫忙，互相扶持，互相成就，都是善因善緣。

所以啊！看到肅宗皇后的際遇，就知道要廣結善緣，而不要結惡緣啊！

蜘蛛收絲

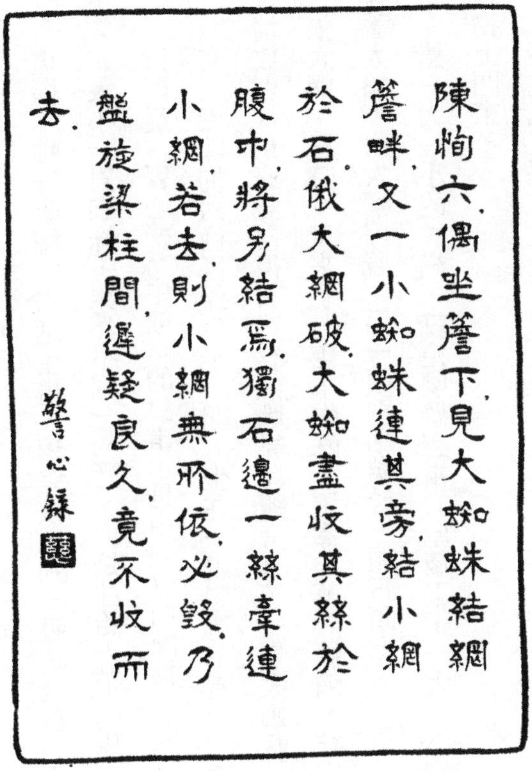

陳恂六，偶坐簷下，見大蜘蛛結網簷畔。又一小蜘蛛連其旁，結小網於石。俄大網破，大蜘盡收其絲於腹中，將另結焉。獨石邊一絲牽連小網，若去，則小網無所依，必毀。乃盤旋梁柱間，遲疑良久，竟不收而去。

警心錄

／蜘蛛收絲

這幅〈蜘蛛收絲〉的護生畫，讀完後感到一股暖流自心底源源生起，畫中這兩張蛛網的主人，大小一對蜘蛛，雖然不說一句話，但是卻給人帶來無比的溫暖和啟示。

這則從《警心錄》中取材的故事，是由一位叫陳恂六的人親眼所見，經他講述而流傳的。有一天陳恂六偷得浮生半日閒，坐在一處屋簷下看山、看水、看風景；遊目騁懷之際，神情放鬆，正悠然自得著，忽然瞧見屋簷旁來了一隻大蜘蛛，不斷吐絲結網，不多時就結出一張大網。這時，又來了一隻小蜘蛛，選擇挨著大蛛網，結出一張小蛛網。這張小網，一頭連著大網，由大網撐著，另一頭則黏結於一顆石頭上。

這一大一小的蛛網，就這麼懸空掛於屋簷下，一大一小的蜘蛛，守著自己的網，等待著獵物上門來。

可能風大吧！或是有樹葉落下割破了那張大蛛網，大蜘蛛在此久等也沒見獵物上門，正想搬個新家去另外結張新網，於是牠開始收網，將蛛絲一吋吋收進自己肚子裡。收著、收著，所有的蛛網幾乎都收齊了，只剩那顆石頭上的一條絲線尚未收起。大蜘蛛看著那張小網，思量著，牠若收回那條絲，那小蜘蛛所結的小網將無所依附，必定會被毀壞。

面臨抉擇的大蜘蛛，在屋簷的梁柱間徘迴遲疑了好一陣子，最後決定不收回那條絲，逕自走了。大蜘蛛將那條支撐著小蛛網的絲，依舊留在那，給小蜘蛛一個完整的家。

多麼有愛心的大蜘蛛啊！是蜘蛛中的仁人君子，會替別人著，不忍心毀了別人的家。人類往往想得到，卻做不到這種仁心呢！

有智慧的人類，可不能輸給那隻大蜘蛛啊！蜘蛛的慈悲值得我們學習；蜘蛛愛護弱小的精神更是我們的榜樣。

讀過這幅護生漫畫，怕蜘蛛的人，觀感應有所改變了；蜘蛛可不是什麼可怕的蟲蟲，而是有德行的仁人君子呢！

團欒

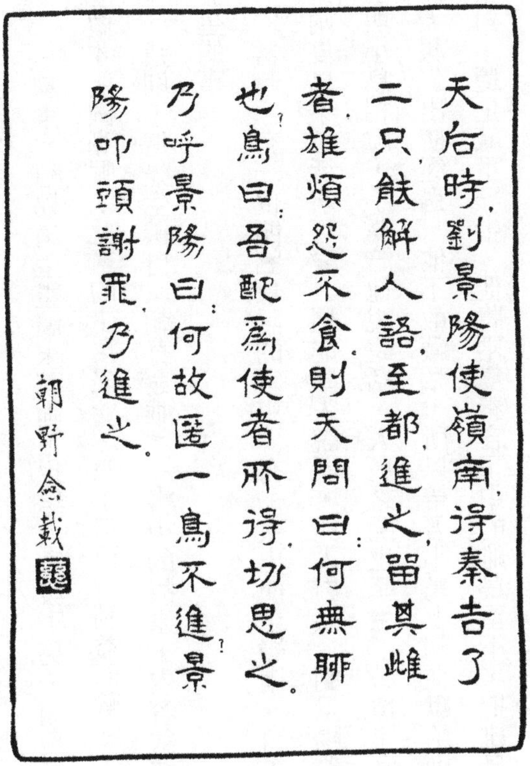
天后時劉景陽使嶺南得秦吉了
二只能解人語至都進之留其雌
者雄煩怨不食則天問曰何無聊
也鳥曰吾配為使者所得切思之
乃呼景陽曰何故匿一鳥不進景
陽叩頭謝罪乃進之
朝野僉載

天后時，劉景陽使嶺南，得秦吉了二只，能解人語。至都，進之。留其雌者。雄煩怨不食。則天問曰：「何無聊也？」鳥曰：「吾配為使者所得，切思之。」乃呼景陽曰：「何故匿一鳥不進？」景陽叩頭謝罪，乃進之。

朝野僉載

／團欒

〈團欒〉這幅護生畫讀來有趣，也給人啟發了另一個角度的思考，讓人思量起事情該怎麼做才能圓滿呢？此畫的主角之一，為了自己的利益而藏私，竟被小鳥揭發，實在糗呢！

這則子愷先生選自《朝野僉載》一書中的故事，內容敘述的是盛唐武則天時代皇宮中所發生的事。

當時，有一位叫劉景陽的官吏，有一次出使至嶺南。有人送了牠兩隻叫秦吉了的小鳥。這兩隻鳥不但活潑可愛，還能學人說話，與人對談。劉景陽帶著兩隻秦吉了回至京都，一路上與小鳥相處，小鳥陪他說說話，人鳥之間也產生了感情。回到京城後，劉景陽上朝向武后則天報告出使經過，他不敢藏私，所以帶著小鳥上朝進獻給則天皇后。說他不藏私，也不完全對，還是藏了一半，他將兩隻秦吉了中的雌鳥留下，把雄鳥送給武則天。他是因為太愛小鳥了，所以留下一隻給自己。

雄秦吉了在皇宮裡，陪伴著尊貴的天后，但是卻一點兒都不快樂。牠在籠子裡，跳來跳去，看去煩躁不安，餵牠吃東西，也不肯進食。

武則天見到這美麗的小鳥如此不開心，於是關心地走到牠身邊問道：「小鳥兒呀！你是怎麼啦？心情那麼不好，不吃不喝的，發生什麼事了嗎？」

沒想到那隻雄秦吉了竟真地回答了則天皇后的問話，牠說：「我的妻子被留在使者那兒，夫妻各分東西，我很思念牠，心情好不起來。」

武則天一聽，立即將劉景陽叫進宮，並斥責他：「你為何將一隻小鳥藏匿起來，沒有進獻到宮裡呢？」

劉景陽聽武后這麼說，都快嚇死了，趕緊跪下叩頭謝罪，並立即將雌鳥送進宮來。讓秦吉了夫妻團圓。

劉景陽一定感到奇怪，天后怎麼會知道他藏了一隻小鳥呢？幸好沒將他治罪，否則腦袋不保。

鳥類的聰明常是人類無法想像的，畫裡的秦吉了如此聰慧，能解人語、能與人應對，這樣的小鳥兒，可千萬欺負不得！

黃犬送物

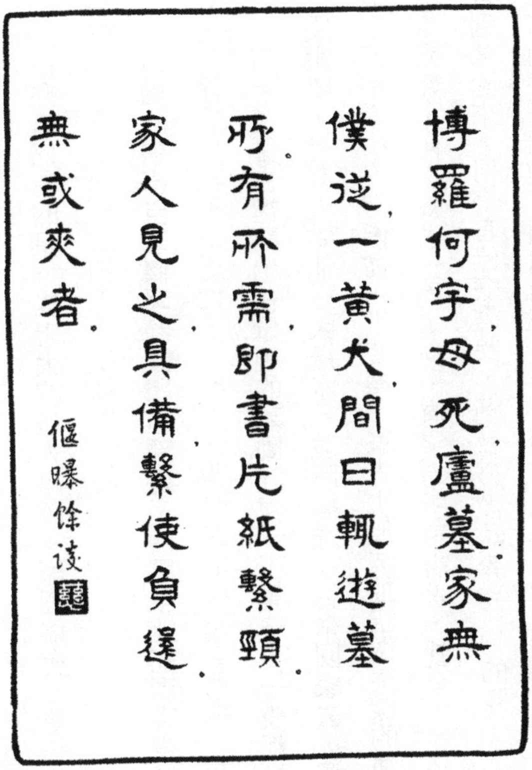
博羅何宇母死廬墓家無
僕從一黃犬間日輒遊墓
所有所需即書片紙繫頸
家人見之具備繫使負還
無或爽者
偃曝餘談

博羅何宇，母死，廬墓。家無僕從。一黃犬，間日輒遊墓所，有所需，即書片紙繫頸。家人見之，具備，繫使負還，無或爽者。

偃曝餘談

／黃犬送物

這幅畫描寫的是一隻忠犬的感人事蹟，家裡能有一隻這樣善解人意，乖順聰慧又負責盡職的狗，應是所有愛狗人士夢寐以求的。

這個故事出自《偃曝餘談》這部書。內容敘述在廣東省博羅這個地方，有一位叫何宇的人士，他的母親不幸逝世了，家人含悲忍淚地辦完了喪事，並造好墳墓，埋葬了母親。

何宇遵循古禮開始在母親的墓園守喪，丁憂守喪一般都是三年時間。何母的墓園離家有一段距離，得有人給他送飯送水，並將換洗衣物拿回家去，還得送乾淨衣物過來給他替換。但是何宇家中沒有僕從可供使喚，家人也無法抽空做這樣的運送工作。

幸好，何家養了一隻黃狗，何宇的所有需求，就全委託給這隻黃狗了。黃狗每隔一天就會到墓園來，何宇有什麼需要，就寫張紙片繫在黃狗的脖子上，讓黃狗帶回家中。家人見了，就將何宇需用的東西準備好，讓黃狗給他送過去。

黃狗這樣來來往往，充當何宇和家人間的聯絡員和運送員。春去秋來，不知不覺過了三年時間，黃狗盡忠職守，從來沒耽誤過事情。

黃狗把何宇照顧得好好的，沒讓他餓著、冷著或缺著什麼。何宇丁憂期滿，回到家中，黃狗的任務才算結束。但是，這趟長達三年的任務完成後，黃狗必定又擔起了別的任務，繼續為何家盡心盡力。

這是怎樣的一隻狗啊！是完全通人性，也知曉世事的狗呢！如此善解人意，卻從不說話，牠的意思只用眼神、吠叫、低鳴和舉止動作來表達，主人也充分了解牠的每一個動作和表情所表達的意思。

人狗一家親，何家的黃狗，其實就是一個人，一個家人，加入人的行列，替代了人的工作，擔起了部分的家庭責任。

狗是人類最忠實的朋友，從何家這隻黃狗的身上，我們全看見了，對狗不禁生出萬分的敬意。但低頭想想，狗是如此忠誠忠心的動物，竟還有人吃狗肉，真是於心何忍呢！想到這，心裡可又萬分難過哩！

虎釋孝子

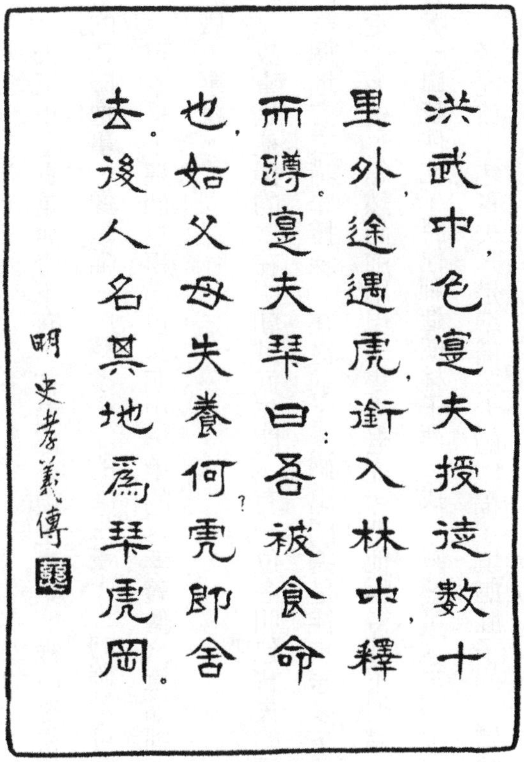

洪武中，包實夫授徒數十里外，途遇虎，銜入林中，釋而蹲。實夫拜曰：「吾被食，命也。如父母失養何？」虎即舍去。後人名其地為「拜虎岡」。

明史　孝義傳

／虎釋孝子

天下事還真是無奇不有，在這部《護生畫集》裡收錄得特別多，讓我們見識了一樁又一樁的奇聞逸事。像這幅〈虎釋孝子〉的護生畫，也的確是奇聞呢！

可不是！這個故事出自《明史》中的〈孝義傳〉章節裡，敘述的是一隻老虎和一位孝子的感人事蹟。

故事是這樣的，在明朝洪武年間，有一位名叫包實夫的讀書人，他應聘到離家數十里外的一個地方去講學授課。在從前，人們出門總是徒步居多，他走著、走著，翻山越嶺的，不知走了多遠，忽然面前出現一隻大老虎，把他嚇得魂不附體，還來不及反應，老虎已經張開大嘴一口咬住他，將他啣進樹林子裡，找一處隱密安全的地方，才將他放下。

老虎放下包實夫，是準備要大飽口福，填飽肚子的。這時的包實夫，即使有千里馬的腳力，也逃不掉了。可以想見，被老虎啣著跑的這一路上，他有多驚恐，多慌張，這輩子的前塵往事全部浮上心頭，因為只要老虎一停下，他就知道自己沒命了。

此刻，老虎停下腳步，放下他了，包實夫心知肚明，他小命將休矣！他一死，家中年邁的雙親怎麼辦？包實夫心中立刻想到自己的父母，求老虎饒命吧！

於是，包實夫雙膝跪地，壯起膽子對老虎說道：「虎爺，你吃了我，這是我的命，我認了，但是我家中還有高堂父母，我死了，他們就無人奉養了！我實在放心不下他們啊！」

包實夫對老虎說話，心中也不知有用沒用，老虎一般不會懂人類的語言，說了也白說；但是，奇蹟發生了，這隻大蟲竟真的聽懂了包實夫滴滴咕咕說話的內容，看他態度虔誠，又是個孝子，竟捨棄這頓大餐，逕自扭頭走了。

哇！這……是怎麼回事？老虎真聽懂了包實夫的話嗎？也是，真聽懂了，被他的孝心感動，放他一命，不吃他了！也不是，是包實夫的孝心感動了天，老天爺饒了他一命，讓他能盡孝道，好好奉養父母。

這樣的故事，真能打動人心！不管是老虎通人性，或是包實夫孝心感動天，都強調一個「孝」字。孝，是中國文化中最基礎的美德；孝，才能齊家，而齊家是治國平天下的第一關卡。

包實夫和老虎的故事，給人好大的啟發啊！您說是嗎！

一犬不至
群犬不食

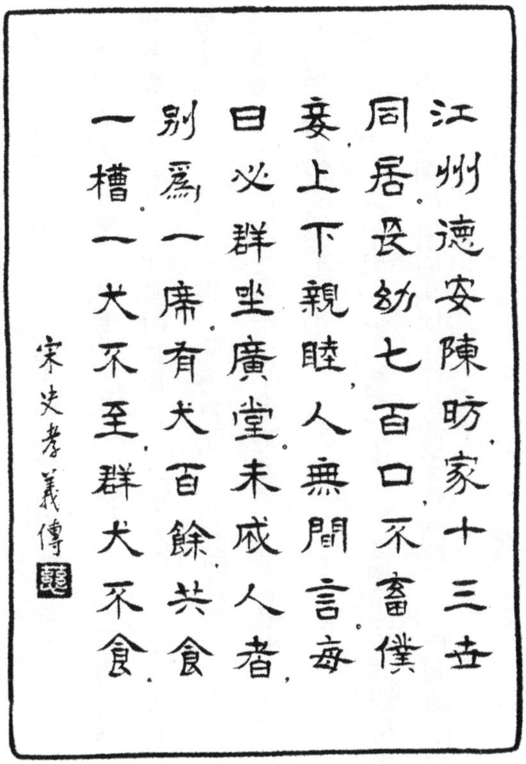
江州德安陳昉，家十三
同居。長幼七百口，不畜僕
妾，上下親睦，人無間言。每
日必群坐廣堂，未成人者，
別為一席。有犬百餘，共食
一槽。一犬不至，群犬不食。
宋史孝義傳

江州德安陳昉，家十三世同居。長幼七百口，不畜僕妾，上下親睦，人無間言。每日必群坐廣堂，未成人者，別為一席。有犬百餘，共食一槽，一犬不至，群犬不食。

宋史　孝義傳

／一犬不至　群犬不食

看官，若您是豐子愷《護生畫集》的忠實讀者，可能記得這幅畫和詩文，在《護生畫集》第二集中讀過了。第二集裡有一幅〈一犬不至〉的漫畫，題辭為：「江州陳氏，宗族七百口。每食設廣席，長幼以次坐而共食之。有畜犬百餘，同飯一牢，一犬不至，諸犬為之不食。」此故事出自《人譜》一書。此書為弘一大師所鍾愛，是大師出家前的床頭書。大師出家時，將此書贈送給他的高足豐子愷。那時豐子愷是個學生，就讀於杭州師範專科學校，未出家的李叔同是豐子愷的授業師。

子愷先生在《宋史・孝義傳》中，再度選出這個題材來繪作護生畫，可見他對這個故事的重視。這個故事描述住在江州德安這個地方一戶叫陳昉的人家，有關他的家風及懿行事蹟。

陳昉家，是個超級大家庭，家中有十三世家族同居一堂。家中大大小小老老少少人口總計有七百口，真是了不起的大家庭。家大業大，家中若沒有主事的強人，單是想維持家人和平相處，就不是一件容易的事。

這陳家的主人，是中華文化的忠貞傳承和實踐者，如此家大業大，卻不張揚，家人不納妾，也不買進僕人奴婢來使喚，一切均由族人平均分攤勞務，也共享富貴榮華。

陳家人上下和樂，族人長幼間和睦相親，平輩妯娌間相互尊重，沒有閒言閒語；能如此一家親，大不易啊！難怪鄰里看在眼裡，一傳十、十傳百，傳為美談。

如此一大家子，每日三餐單是長幼坐次，就大費周章。但在陳家，這是小事一樁。每逢用餐，七百口人，共聚在一個大食堂裡，大人長幼有序，依次入座，沒有二話。小孩兒就另設一席，不與大人同座而食。

陳家上下孝順和樂、尊卑有序、族人妯娌間相互尊重，連家中畜養的一百多隻狗，也承襲此家風，友愛相處，食同槽，只要有一隻狗還沒到，所有的狗都會等著，全到齊了，才開飯。

這樣的人家，羨煞多少鄰里啊！一般幾代同堂人家，紛爭多、計較多，家不和，怎能興！家和萬事興，從陳氏一家就能見證真理；尤其陳氏家族中每族每戶所養的狗，也都能和睦共處，親如家人，實在了不起啊！

想想這陳家的事兒，人，雖是主體，但人畢竟是萬物之靈，是有智慧、有文化、有自制力的；而狗，也能學習人類社會中的道德行誼，還能承襲陳氏家風，這就讓人大大讚歎了！

鼈覓偶

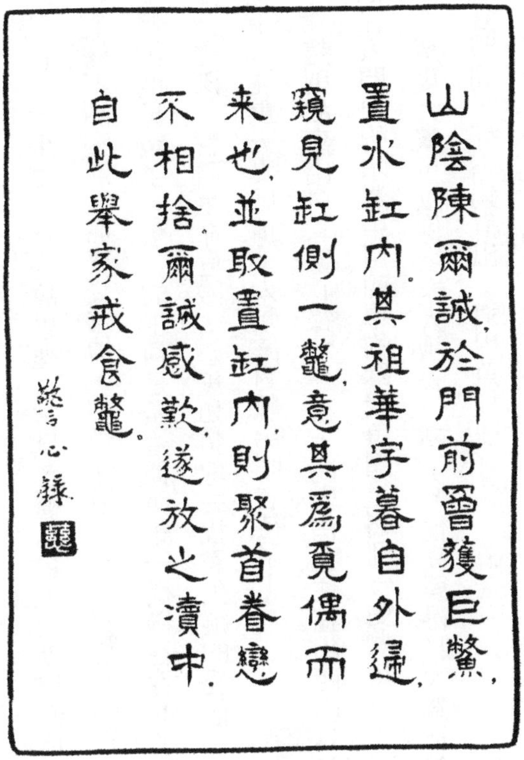
山陰陳爾誠，於門前罾獲巨鱉，置水缸內。其祖華宇暮自外歸，窺見缸側一鼈，意其爲覓偶而来也，並取置缸內，則聚首眷戀不相捨。爾誠感歎，遂放之瀆中。自此舉家戒食鼈。
警心錄

山陰陳爾誠，於門前罾獲巨鱉，置水缸內。其祖華宇，暮自外歸。窺見缸側一鱉，意其為覓偶而來也，並取置缸內，則聚首眷戀不相捨。爾誠感歎，遂放之瀆中。自此舉家戒食鱉。

警心錄

／鱉覓偶

在《護生畫集》的故事裡，常見各種鳥類，夫妻鶼鰈情深，只要有一隻被人類捕獲，另一隻總不願獨活，而雙雙殉情。動物間情深義重的愛情故事，在這幅〈鱉覓偶〉的護生畫裡，我們再度見證了。這次的主角是鱉這種與龜一樣慢吞吞的變溫動物，牠們也能愛自己的配偶如此之深，冒著生命危險，心焦如焚地去找尋失蹤的愛侶。所以動物中，不止鳥多情，連鱉也十分注重夫妻感情，人類該對鱉另眼看待了！

這則故事出自《警心錄》一書，內容描述住在山西山陰縣的一位叫陳爾誠的人，有一天他在家門口的水澤中用簡單的傘狀魚網，網到一隻大鱉。

這隻大鱉可以供全家人飽餐一頓了。他高興得將大鱉養在水缸裡，等著全家人都到齊的晚餐時間，好下鍋煮出一道甲魚料理。

傍晚時分，陳爾誠的祖父陳華宇回到家，在門口就見到水缸裡養著一隻大鱉，心想這一定是孫子爾誠捕獲的，晚餐可以加菜了。但是陳華宇看到水缸外還有一隻鱉，繞著缸走來走去，狀似尋找著什麼。他一看這情況，就想到水缸外那隻鱉，可能是尋找配偶來了。為了一探這兩隻鱉是否為一對夫妻，陳華宇於是將水缸外那隻鱉捉起來，放進水缸裡，看看牠們是否相識。

果然陳華宇的猜想沒錯，兩隻鱉一見面，立即在水裡相依相偎，並碰頭碰腦地游來游去，一看就是一對恩愛夫妻，為這突來的分離戀戀不捨。

陳華宇叫孫兒陳爾誠來看，爾誠也深受感動，亦感歎連鱉這動物都如此深情，因此不忍心吃了牠們，就將這一對恩愛夫妻放回河裡去。從此陳家再也不吃甲魚了。

鱉，能具有人性，懂得愛，知曉夫妻緣分的珍貴，不放棄自己的伴侶，不顧危險且不怕死地拚命去尋找自己的另一半，這種情深義重的感情，怎不令人敬佩！

首尾就烹

學士周豫家嘗烹鱔。見有鞠身向上，以首尾就烹者。訝而剖之，腹中纍纍有子。物類之甘心忍痛，而護惜其子如此。

傷心錄

學士周豫家，嘗烹鱔。見有鞠身向上，以首尾就烹者。訝而剖之，腹中纍纍有子。物類之甘心忍痛，而護惜其子如此。

傷心錄

／首尾就烹

這幅〈首尾就烹〉的護生圖，取材自《傷心錄》一書，這幅畫，和《護生畫集》第二集中的〈烹鱔〉畫，是出自同一個故事。〈烹鱔〉取材自《人譜》一書。可見有啟發性的感人故事，被許多古籍所收錄以傳世。

故事述說一位讀書人周豫，向來嗜嘗鱔魚。有一次，他又買回來幾條鱔魚，洗乾淨，放進大鍋裡煮。這次他煮鱔魚的經驗，有別於從前。他在無意間觀察到有幾條鱔魚在被放入沸騰的湯鍋中時，會弓起身子，讓肚皮朝上，高出水面。鱔魚臨死前的怪異舉動，令他感到好奇，於是他將弓起身子的鱔魚放在砧板上解剖，想一探究竟。

這一看，讓周豫大感意外，因為鱔魚的肚子裡面全是魚子。他終於知道鱔魚為何要弓起身子了；那些弓起身子的都是母鱔魚，肚子裡有無數尚未出生的魚子，母鱔在熱水中抬起肚子，是為了保護魚子，希望親愛的孩子不要被人類煮熟而死亡。

這種母愛，跟人類完全一樣！人愛自己肚裡的胎兒，盡力保護胎兒，盼腹中的小生命能夠平安來到世間；而鱔魚媽媽也是如此啊！

人和動物，都是有情眾生，有情識，知痛苦，也都貪生怕死。佛法認為眾生平等，無有分別。以三世因果和六道輪迴的觀念來說，畜生道中的有情眾生，前世曾是我們的父母夫妻或兄弟姊妹。此生我們有幸身為萬物之靈的人類，有智慧，有大能力，應該要好好保護曾經是我們親人朋友的眾生，愛惜牠們，而不是對牠們予取予求，甚至將牠們吃下肚。

《護生畫集》第一集有一幅〈平等〉圖，弘一大師題詞為：「我肉眾生肉，名殊體不殊。原同一種性，只是別形軀。」就是告訴世人，人和動物，同出一源，我們這世雖身為人，但誰知道前面有多少世曾經在畜生道中輪迴，而來生也說不定還會淪落畜生道呢！所以要以慈悲心對待眾生，愛護物命，珍惜和尊重生命。

子愷先生以〈首尾就烹〉做為《護生畫集》的結尾篇章，定有他的深意。子愷先生師承弘一大師，此《護生畫集》亦因他與恩師合作而生。《護生畫集》的慈悲，正是佛法的精神，佛法是以慈悲為體、為根本的。慈悲除了對自己，也發乎真情對周遭的人、事、物生出關懷和同情心。

讀畢《護生畫集》，了解此畫集是以慈悲為體；以書、畫、詩、詞述說護生故事為相；以所發揮的護生戒殺、長養慈悲心的功能為用；由此體、相、用三者構築出《護生畫集》的內涵和外相，感動許多人，而讓《護生畫集》能長久流傳。

護生畫集圖文賞析〔六〕

雙鶴啣珠

原　　作　豐子愷／畫　　朱幼蘭／書
作　　者　林少雯
主　　編　賴瀅如
執行編輯　陳瑋全
編　　輯　吳曉惠
美術編輯　林紫婕
封面設計　林紫婕

出版・發行　香海文化事業有限公司
發 行 人　慈容法師（吳素真）
執 行 長　釋妙蘊
地　　址　241新北市三重區三和路三段117號6樓
　　　　　110臺北市信義區松隆路327號9樓
電　　話　(02)2971-6868
傳　　真　(02)2971-6577
香海悅讀網　www.gandha.co.tw
電子信箱　gandha@gandha.com.tw
劃撥帳號　19110467
戶　　名　香海文化事業有限公司

總 經 銷　時報文化出版企業股份有限公司
地　　址　333桃園縣龜山鄉萬壽路二段351號
電　　話　(02)2306-6842
法律顧問　舒建中、毛英富
登 記 證　局版北市業字第1107號

定　　價　新臺幣 350元
出　　版　2014年9月初版一刷
I S B N　978-986-6458-84-2
建議分類　文學｜藝術｜生命教育

國家圖書館出版品預行編目(CIP)資料

護生畫集圖文賞析.六，雙鶴啣珠 / 林少雯著；
豐子愷畫. --初版 .--臺北市：香海文化,2014.09
面；　公分
ISBN 978-986-6458-84-2(平裝). --
225.87　　103016015